Karl Meyer

Die Dietrichssage in ihrer geschichtlichen Entwicklung

Karl Meyer

Die Dietrichssage in ihrer geschichtlichen Entwicklung

ISBN/EAN: 9783741184178

Hergestellt in Europa, USA, Kanada, Australien, Japan

Cover: Foto ©Andreas Hilbeck / pixelio.de

Manufactured and distributed by brebook publishing software (www.brebook.com)

Karl Meyer

Die Dietrichssage in ihrer geschichtlichen Entwicklung

Die Dietrichssage

in

ihrer geschichtlichen Entwicklung

von

Dr. Karl Meyer.

Basel

H. Georg's Verlagsbuchhandlung

1868.

Karl Simrock

dem Dichter des Amelungenliedes

gewidmet.

Einleitung.

Der Sagenkreis Dietrichs von Bern hat sich im Vergleich mit dem Siegfrieds und der Nibelungen der Gunst der Gelehrten verhältnissmässig wenig zu erfreuen gehabt. Freilich fehlt es demselben auch an einer Epopœie, welche wie die Nibelunge Noth seit dem Beginn der Pflege mittelalterlicher Poësie das Interesse Aller auf sich zog; es fehlte überhaupt an einer zusammenhangenden Darstellung dessen, was etwan im zwölften und dreizehnten Jahrhundert zu diesem Kreise gehörte. Gleichwohl ist die Dietrichssage alt und ist von jeher ein Lieblingsgegenstand des Volkes und seiner Sänger gewesen. Schon die Verbindung des geschichtlichen Theoderich mit dem ältern Gothenkönige Ermenrich, die Anknüpfung der Harlunge und ihres berühmten Pflegers, des treuen Eckart, ferner die Vereinigung Theoderichs mit dem Hunnenkönig Attila, dem Etzel der Sage, hätte einen Stoff geboten, der einer Epopœie wohl werth gewesen wäre. Allein die Sage gieng noch weiter; sie verflocht Dietrich auch in den Untergang der Nibelungen an Etzels Hof, sie versammelte um ihn einen Kreis von Helden, die theilweise selber wieder ihre wenn auch nur trümmerhaft erhaltenen Sagen hatten, sie übertrug endlich Mythen auf ihn, die einst dem germanischen Donnergott waren zugeschrieben worden.

1

Schon im achten Jahrhundert zeigt das Gedicht von Hildebrand und Hadubrand Dietrich von Bern als Mittelpunkt eines
eigenen Sagenkreises, und wenn in den zunächst folgenden Jahr-
hunderten direkte Quellen nicht vorhanden sind, so bieten die
Chroniken desto mehr indirekte Zeugnisse. Auch das ist nicht
ausser Acht zu lassen, dass, während in Deutschland die volks-
mässige Dichtkunst in den höhern Schichten der · Gesellschaft
verstummte und daher keine schriftlichen Denkmäler hinterlassen
konnte, jenseits des Meeres bei den stammverwandten Angel-
sachsen die Liebe zur heimischen und nationalen Sage fortblühte.
Vom dreizehnten Jahrhundert an fliessen auch in Deutschland
die Quellen wieder reichlicher, bieten aber im Ganzen trotz
ihrer Ausführlichkeit wenig echten Sagenstoff; eine nicht zu
verachtende Ausnahme bilden die ältern Bestandtheile des mittelhochdeutschen Gedichtes von Alpharts Tod. In der Thidrekssaga endlich ist der Werth der verschiedenen Erzählungen ein
sehr verschiedener je nach der Quelle, welcher eine solche folgt;
jedesfalls ist sie nur mit grosser Vorsicht zu gebrauchen. Die
Hauptschwierigkeit, in einer Kritik der Dietrichssage in allen
Punkten befriedigende Resultate zu liefern, rührt demnach nicht
sowohl von der Zahl als von der mangelhaften Beschaffenheit
der vorhandenen Quellen und von dem Fehlen älterer und
reinerer her.

Vorliegende Abhandlung sucht nach einer kurzen und sum-
marisch gehaltenen Inhaltsangabe der einzelnen hieher gehörigen
Lieder den Ursprung der Sage aufzudecken und nachzuweisen,
wie in letzterer aus einem in der Geschichte stäts siegreichen
König ein seines ererbten Landes beraubter Flüchtling werden
konnte. Hieran schliesst sich eine Kritik der Ermenrichssage
und ihrer hervorragendsten Träger, und als drittes Hauptstück
sollen die mehr nur accessorischen Bestandtheile, zumal die auf

Dietrich übertragenen Mythen, besprochen werden. Von den einzelnen zu Dietrich oder zu Ermenrich gehörigen Helden können nur diejenigen erwähnt werden, deren Eingreifen in die Sage bedeutsam ist, also Ermenrichs ungetreuer Rath Sibich, die Harlunge und ihr Pfleger, Wittig und Heime, Schwanhild und ihre Brüder, endlich Dietrichs Lehrmeister, der alte Hildebrand. Die übrigen zum Theil sonst unbekannten, von fahrenden Sängern oft willkürlich ersonnenen Namen zu erklären fühle ich mich nicht berufen und überlasse solches den Herausgebern der einzelnen Gedichte.

1. Dietrichs Flucht.

König Ermenrich hat einen Rathgeber Namens Sibich. Während Sibichs Abwesenheit entehrt der König dessen Frau. Letzterer, zurückgekehrt, sinnt auf Rache und verleitet den König zu allen möglichen Missethaten. Erst sendet er seinen Sohn in das Land der Wilzen, wo derselbe seinen Untergang findet; dann lässt er die Harlunge, seines Bruders Söhne aufhängen; endlich rüstet er sich gegen seinen Neffen, Dietrich von Bern, nachdem er ihn durch falsche Botschaft bethört hat. Zwar wird Ermenrich von Dietrich besiegt, aber es gelingt ihm, durch einen Hinterhalt dessen treuste Helden gefangen zu nehmen; der Berner, die Treue seiner Dienstmannen höher schätzend als seine übrigen Schätze, tritt Ermenrich auf dessen Forderung sein ganzes Reich ab, nur um seine Helden wieder zu erlösen. Zu Fuss verlässt er sodann Bern und geht, blos von fünfzig Getreuen begleitet, in die Verbannung; am Hofe des Hunnenkönigs Etzel findet er vornehmlich durch die Fürsprache von dessen Gemahlin Helche Schutz. Mit Etzels Heerschaaren nach Bern zurückgekehrt siegt er zweimal über Ermenrich, kann aber doch sein väterliches Reich gegen dessen Uebermacht nicht behaupten. (Dietrichs Flucht, herausgegeben von E. Martin; Deutsches Heldenbuch, Thl. II.)

2. Alpharts Tod.

Alphart, ein junger Held Dietrichs von Bern, vom Geschlecht der Wölfinge, reitet allein auf die Warte, als Ermen-

richs Heer gegen Bern heranzieht. Anfangs siegreich sowohl
gegen seinen Oheim Hildebrand, der seine Tapferkeit auf die
Probe stellen will, als gegen die andringenden Feinde, erliegt
er zuletzt den beiden Helden Wittig und Heime, welche aus
Dietrichs Dienst zu Ermenrich übergegangen waren. (Alpharts
Tod, hgg. von E. Martin; Deutsches Heldenbuch, Thl. II.)

3. Die Rabenschlacht.

Dietrich zieht mit einem hunnischen Heere aus, sein väterliches Reich wieder zu gewinnen. Etzels junge Söhne, Scharpf
und Ort, reiten mit, bleiben aber nebst Dietrichs Bruder Diether
in Bern zurück unter der Aufsicht des alten Helden Elsan.
Ungeduldig bitten sie Letztern, sie nur ein wenig vor die Stadt
reiten zu lassen; Elsan giebt nach, sie verirren sich im Nebel
und gerathen in die Nähe von Ermenrichs Heer; übermüthig
greifen sie den Helden Wittig an, erliegen aber seinen Streichen
mit Ausnahme des alten Elsan, welcher Dietrich das Unglück
meldet. Dietrich, der soeben über Ermenrich gesiegt hat,
schlägt Elsan im Zorne das Haupt ab und beklagt dann die
gefallenen Jünglinge. Als er Wittig erblickt, will er an ihm
Rache nehmen; aber jener ergreift die Flucht und wird, gerade
ehe Dietrich ihn erreicht, von seiner Ahnfrau Waghild unter
dem Spiegel des Meeres geborgen. Dietrich kehrt trostlos an
Etzels Hof zurück, erlangt jedoch dessen Gunst wieder durch
die Fürsprache der Königin Helche. (Die Rabenschlacht, hgg.
von E. Martin; Deutsches Heldenbuch, Thl. II.)

4. Der Nibelunge Nôt.

Die gothischen Helden, welche auf ihres Königs Befehl
lange jeden Streit mit den Burgunden an Etzels Hof vermieden

haben, werden durch den Tod des Markgrafen Rüdiger endlich
in den Kampf hineingerissen; alle kommen um. nur der alte
Hildebrand entrinnt dem Blutbad und berichtet seinem Herrn,
was geschehen. In dem nun nothwendig gewordenen Kampfe
bringt Dietrich Gunther und Hagen, die allein noch übrigen
burgundischen Helden, gebunden vor Kriemhild, verlangt jedoch
Schonung für dieselben. Die Königin tödtet aber, als Dietrich
weggegangen ist, beide und wird hierauf zur Strafe von Hildebrand erschlagen. (Der Nibelunge Nôt, hgg. von Lachmann.
Lied XX.)

5. Die Klage. Das Hildebrandslied.

Nachdem Etzel, Dietrich und Hildebrand die Leichen der
im Kampf Gefallenen beklagt und bestattet haben, zieht der
Berner mit Herrad und Meister Hildebrand wieder nach Bern.
(Die Klage, mit der Nibelunge Nôt hgg. von Lachmann.) —
Hieran schliesst sich dann noch der Kampf des Vaters mit dem
Sohne, indem der alte Waffenmeister unterwegs von seinem
Sohn Hadubrand, der ihn nicht kennt, angefallen wird; das
Wiedererkennen macht dem Streit ein Ende. (Das Lied von
Hildebrand und Hadebrand; Wackernagel, Deutsches Lesebuch I,
Sp. 63—68 der zweiten Ausgabe. — Der Vater mit dem Sohn,
ebend. Sp. 1031—1038.)

6. Sigenôt.

Dietrich streitet mit einem Riesen, Namens Sigenôt, wird
aber von demselben bezwungen und in eine Höhle geworfen.
Der Riese will bei dieser Gelegenheit seinen Oheim Grim rächen,
welchen Dietrich nebst dessen Weib Hilde erschlagen hat. Dem
alten Hildebrand, der seinen König sucht, widerfährt dasselbe;

er weiss sich jedoch aus der Höhle loszumachen und erschlägt dann den Riesen mit Dietrichs Schwert. — Von Grîm und Hilde hat Dietrich den berühmten Helm Hildegrîn gewonnen. (Ein schön und kurzweilig Gedicht von einem Riesen, genannt Sigenot — durch Meister Seppen von Eppishusen (J. v. Lassberg.)

7. Ecke.

Drei Riesenbrüder, Ecke, Fasold und Ebenrôt, wollen Dietrich im Kampfe bestehn: Ecke, von drei Königstöchtern zum Streit gereizt, lässt sich von einer derselben Ross und Waffen geben; da ihn aber seiner Grösse wegen kein Pferd tragen kann, eilt er zu Fuss davon, Dietrich zu suchen. Dietrich sucht lange Zeit den Kampf zu vermeiden, muss aber zuletzt Ecke's Bitten nachgeben. Der Berner bleibt siegreich und überwindet nachher auch Ecke's Bruder Fasold. Des besiegten Ecke Haupt wirft er den Königinnen vor die Füsse. (Eggen-Liet, durch meister Seppen von Eppishusen.)

8. Luarin.

Der Zwergenkönig Luarin hat Similde, die Schwester Dietleibs von Steier, geraubt. Auf des Letztern Bitten ziehen die Helden von Bern in's Gebirg, den Räuber zu strafen. Sie betreten Luarins wunderbaren Zaubergarten und gerathen mit dem Zwerg in Kampf. Der Kleine unterliegt nach langem Streite mit Dietrich und ladet dann die Helden ein, mit ihm in den Berg zu gehn. Hier bewältigt er sie durch einen Zaubertrank; aber durch Simildens Beistand erhalten sie ihre Waffen wieder, und in dem nun beginnenden Kampfe siegen zuletzt die Helden und zerstören das ganze unterirdische Reich der Zwerge. (Laurin und Walberan, hgg. im Deutschen Heldenbuch, Thl. I.)

9. Goldemar.

Goldemar, ebenfalls König der Zwerge, raubte Dietrichs erste Gemahlin Hertlin; „do nam sy der berner dem Goldemar wider mit grosser arbeit, dannoch belyb sy vor Goldemar maget", erzählt der Anhang des Heldenbuchs. (Die Bruchstücke des verlornen Gedichtes in Haupts Zeitschrift für deutsches Alterthum VI, 520 ff.)

10. Herbert und Hildburg.

Dietrich lässt durch Herbort, seinen Schwestersohn, um Hildburg von Ormanie werben. Herbort weiss durch List sich den Zutritt zu der Königstochter zu verschaffen, zeichnet ihr aber Dietrichs Antlitz so grauenvoll an die Wand, dass sie erschrickt und sich von ihm entführen lässt, und zwar nicht um Dietrichs, sondern Herborts Gemahlin zu werden; er muss wegen dieser Treulosigkeit später mit Dietrich und Hildebrand kämpfen. (Biterolf 6451 ff., Thidrekssage cap. 233 ff.)

11. Etzels Hofhaltung.

An Etzels Hof erlöst Dietrich eine Jungfrau, die frouwe Sälde, von den Verfolgungen des von Hunden begleiteten Wunderers, eines wilden Jägers; Dietrich tödtet den Unhold und empfängt dafür den Segen der Jungfrau. (Heldenbuch von Von der Hagen und Primisser, 55—73.)

12. Dietrich und Siegfried.

Zwei mittelhochdeutsche Gedichte haben es unternommen, die beiden vorzüglichsten Helden der deutschen Sage mit einander kämpfen zu lassen. — Im Biterolf (7801 ff.) verzagt der Berner, als er sich zum Kampfe mit Siegfried bestimmt sieht;

hernach kämpfen sie doch (10093 ff., 11055 ff., 11140 ff.,
11977 ff., 12028 ff.). (Biterolf und Dietleib, hgg. v. Oskar Jänicke,
Deutsches Heldenbuch, Thl. I.) — Sodann der Rosengarten.
Kriemhild, die Tochter König Gibichs zu Worms, hat einen
herrlichen, von zwölf Riesen gehüteten Rosengarten angelegt
und lässt die Helden Dietrichs auffordern, herbeizukommen und
sich mit ihren Mannen im Kampfe zu messen. So finden im
Rosengarten zwölf Zweikämpfe statt, und immer werden die
rheinischen Recken von den gothischen überwunden. Zuletzt
soll Dietrich mit Siegfried streiten, weigert sich aber aus Furcht,
bis die erdichtete Nachricht von Hildebrands Tod seinen Zorn
entflammt. Von dem Feuer, das nun aus seinem Munde fährt,
wird Siegfrieds Hornhaut weich, und Dietrich geht zuletzt siegreich aus dem Kampfe hervor. (Der Rosengarte, hgg. v. W. Grimm.)

Den Inhalt der in altnordischer Sprache aber nach deutschen
Liedern und Erzählungen zusammengesetzten Saga Thidhriks
konungs af Bern (hgg. von C. R. Unger, Christiania 1853), auf-
zuzählen, würde hier zu weit führen; es wird sich indessen im
Verlaufe dieser Untersuchung hin und wieder Gelegenheit finden,
auf dieselbe zu verweisen.

Dietrich und Theoderich.

Es ist schon in der Einleitung angedeutet worden, dass
Dietrich von Bern, der in Sage und Lied am meisten gefeierte
Held des Amelungenstammes, eins sei mit dem geschichtlichen
Ostgothenkönig Theoderich, dass mithin die Sage erst mit oder
nach Theoderich beginne. Dem entgegen steht eine andere
Ansicht, nach welcher ein schon früher ausgebildeter Sagenkreis
an dem Ostgothenkönig bloss einen Anknüpfungspunkt gefunden
hat. Ist die Sage in der That älter als der geschichtliche Theoderich, und stand sie anfangs in keinem Zusammenhange mit
demselben, so kann man wieder schwanken, ob der ursprüngliche Kern ein Mythus oder ein Ereigniss der frühern gothischen
Geschichte ist. Für einen mythischen Ursprung der Dietrichssage hat sich Clemens Meier erklärt [1]; seine Beweise sind jedoch so ungenügend und die nach Zeit und sachlichem Werthe
so unendlich verschiedenartigen Quellen sind auf so tolle Weise
durch einander geworfen, dass die ganze Behauptung als gar
nicht vorhanden darf betrachtet werden. Rassmann sodann im
zweiten Theil seiner deutschen Heldensage, d. h. in seiner willkürlich auseinander gerissenen Uebersetzung der altnordischen
Thidrekssage, erklärt Dietrichs Kämpfe mit Ermenrich wie

---

[1] Historische Studien. Erster Theil, S. 53—103. — Auch W. Grimm
hielt die Sage für älter als Theoderich; vgl. Deutsche Heldensage.
2. Auflage, S. 353; anders Lachmann: Zu den Nibelungen, S. 337.

überhaupt fast die ganze Heldensage für geschichtliche Ereignisse des vierten Jahrhunderts und für Reste eines einst im Zusammenhang gedichteten Urepos. Nach seiner Meinung ist Attila (der Atli der nordischen und der Etzel der süddeutschen Sage) von dem gewaltigen, unser hochdeutsches Epos umgestaltenden Strome gänzlich unberührt als heimischer Volkskönig stehen geblieben, Erminrek und Thidrek aber, einst ähnlichen Ursprungs, sind schon fast ganz historisierte, d. h. mit den geschichtlichen Königen Ermanaricus und Theodericus verwechselte Gestalten [1]). Ich denke indessen, wer die Saga in ihrem wirklichen Zusammenhange und nicht nur nach Rassmanns Uebersetzung kennt, wird einmal wissen, was er von gewissen Aeusserungen über die Abfassungszeit der Saga zu halten hat, und dann überhaupt das Ganze nicht unvorsichtig als Quelle gebrauchen [2]).

Die deutsche Heldensage wurzelt bekanntlich theilweise im altgermanischen Götterglauben, theilweise aber auch in den erschütternden Ereignissen der Völkerwanderung; was von geschichtlichen Vorfällen älter ist als diese, musste begreiflicherweise seinen Zusammenhang und seine ursprüngliche Form verlieren und sich den Begebenheiten der letztern anschliessen und unterordnen. Schon daraus ergiebt sich, dass der hauptsächlichste Held der Sage nicht jener frühern dunklen Zeit angehören kann. Schon das Stillschweigen des Jornandes, welcher doch genug gothische Sagenhelden kennt, genügt, die Unhaltbarkeit eines ältern Dietrich darzuthun. Auch liesse sich, wenn die Dietrichssage eine uralte gothische Stammsage wäre, schwer beweisen, warum dieselbe nicht auch nach dem Norden gedrun-

---

[1]) Rassmann. Deutsche Heldensage II. pag. VIII, IX.
[2]) Zarncke. Literarisches Centralblatt, Jahrg. 1859, Sp. 316.

gen wäre gleich der fränkischen Nibelungensage oder gleich den
Sagen über den wirklich ältern Gothenkönig Ermenrich. Wurde
die Nibelungensage schon im fünften Jahrhundert im Norden
heimisch [1]), so kann man die Sage von Dietrichs Flucht zu Attila erst dem sechsten zuschreiben [2]), also einer Zeit, welche
mit Nothwendigkeit auf den historischen Theoderich hinweist [3]).
Auch aus der geschichtlichen Stellung des Ostgothenkönigs lässt
sich sein Auftreten in der Heldensage erklären. Seine nicht
bloss scheinbare, sondern wirklich nationale Macht [4]), seine zwar
factisch hohle, aber äusserlich dennoch glänzende Stellung, das
Ansehn, welches er bei andern germanischen Stämmen genoss [5]),
endlich auch seine geschichtlich beglaubigte persönliche Tapferkeit [6]) waren lauter Eigenschaften, die ihm ein langes Andenken
bei seinem eigenen und bei benachbarten Völkern sichern mussten. Einzelne Züge aus Theoderichs Leben in der Sage wieder-
zufinden, ist schwer [7]); doch entspricht ausser seinem eigenen
Namen wenigstens dem seines geschichtlichen Vaters Theodemir
der Dietmar der Sage, und sein geschichtlicher Gegner Odoaker
erscheint wenigstens theilweise in derselben. Im übrigen freilich
widersprechen sich Geschichte und Sage so sehr, dass es ganz
besonderer Annahmen bedarf, diesen Widerspruch begreiflich

[1]) W. Müller. Versuch einer mythologischen Erklärung der
Nibelungensage, S. 34.
[2]) Müllenhoff in Haupts Zeitschrift f. d. A. X 177, 178.
[3]) Und zwar ist das die früheste Periode, in welcher Dietrichs
Name in den Norden kommen konnte. Andere halten bekanntlich
das dritte Gudrunenlied, um welches es sich handelt, für weit
jünger.
[4]) Dahn. Die Könige der Germanen. II, S. 129.
[5]) Ebend. S. 142.
[6]) Ebend. S. 78, 79.
[7]) Doch vergl. weiter unten.

zu machen [1]). Die Sagenbildung war bei den Germanen noch eben in ihrer Entwicklung, und man sieht an den Chronisten jener Zeit, wie sehr auch sie von der Sage noch beherrscht sind. Eben damals reihten sich die glänzendsten Helden der Völkerwanderung den noch aus heidnischem Glauben stammenden Mythenresten an, um so mit diesen verbunden und verwoben die eigentliche Heldensage zu bilden. Dass aber die Sage nicht blindlings alles aufnahm, zeigt sich gerade an dem Fehlen des nicht minder berühmten Frankenkönigs Clodwig. Dieser besass trotz seiner hohen politischen Begabung zu wenig ritterlichen Sinn und zu viel Treulosigkeit, als dass er für die Heldensage gepasst hätte. Andrerseits besass die Sage auch nach Theoderich noch Triebkraft genug, um den oder jenen an sich zu ziehn, wie z. B. die Merowinger Theoderich und Theobert von Austrasien [2]) oder den Langobarden Alboin [3]); doch war gerade des letztern Persönlichkeit und Stellung weniger geeignet, sich lange im Andenken des deutschen Volkes zu erhalten.

Ohne Zweifel ist also Dietrich von Bern der Theoderich der Geschichte, gerade wie Etzel und Atli selbst in der ältern Edda dem geschichtlichen Hunnenkönig entsprechen, so sehr auch dessen Bild in der Ueberlieferung des Nordens verblasste und verblassen musste. Es ist das die Ansicht derjenigen Gelehrten, welche, wenn auch nicht immer zu denselben Resultaten gelangend, doch mit Methode diesen Sagenkreis bearbeitet haben. Ihre später noch hin und wieder anzuführenden Schriften sind:

---

[1]) S. unten S. 16.
[2]) Müllenhoff. Ztschr. VI, 435 ff.
[3]) Vidhsidh 70.

1) **Max Rieger.** Dietrich und Theoderich; in Wolffs
Zeitschrift für deutsche Mythologie, Bd. II, S. 229—235.

2) **Wilhelm Müller.** Die geschichtliche Grundlage der
Dietrichssage; in Aug. Hennebergers Jahrbuch für deutsche Li-
teraturgeschichte. Meiningen 1855. (S. 159—179.)

3) **Karl Müllenhoff.** Zeugnisse und Excurse zur deutschen Heldensage; in Haupts Zeitschrift für deutsches Alterthum, Bd. XII, S. 253—386.

Wenn also der Theoderich der Geschichte und der Dietrich der Sage ein und dieselbe Person sind, so fragt es sich
nur, wie die Sage dazu kam, aus ihrem Helden ungefähr das
Gegentheil von dem zu machen, was die Geschichte von ihm
berichtet.

Dass der Verrath des Tufa und der darauf erfolgte Rück-
zug Theoderichs nach Ticinum [1]) Anlass und Ursache der dreis-
sigjährigen Verbannung des Berners gewesen sei [2]), wird jetzt
Niemand mehr im Ernste behaupten wollen. Dieses Ereigniss
war im Verhältniss zu Theoderichs sonstigen Siegen viel zu
unbedeutend, als dass es dessen Person in der Dichtung eine so
völlig veränderte Gestalt hätte geben können; vom Volke und
den eigentlichen Volkssängern wurde er gewiss sehr bald wieder
vergessen, und nur durch Vermittlung der gelehrten Chronisten
ist die Kunde davon bis auf unsere Zeit gelangt.

Sodann hat Ludwig Uhland versucht, Dietrichs Unglück
und Flucht aus den ähnlichen Schicksalen seines Ahnherrn Wolfdietrich zu erklären, in dessen Sage ihm die Spuren einer my-
thisch-symbolischen Darstellung desjenigen durchzuleuchten schie-
nen, was in den übrigen Amelungenliedern sich in epischer

---

[1]) Manso. Geschichte des ostgothischen Reiches in Italien. S. 42.
[2]) Lachmann zu d. Nibelungen, S. 337.

Charakteristik ausgedrückt hat [1]). Nun ist aber Wolfdietrich
gar kein Amelung, sondern ein fränkischer Held, Theodebert
von Austrasien, und seine Vertreibung und Flucht ist ebenfalls
bedingt durch Erlebnisse des geschichtlichen Frankenkönigs [2]).
Und was in den mittelhochdeutschen Gedichten von Wolfdietrich mit dem Heldenbuch von Iran übereinstimmt, gehört nicht
der ursprünglichen Sage, sondern einer Zeit an, in welcher
durch die Kreuzzüge die Aufmerksamkeit der Abendländer nach
dem Orient gerichtet war, in welcher man es daher liebte, eigentlich deutsche Sagen, wie den König Rother, den Hug-
dietrich und Wolfdietrich u. a. in östlichere Gegenden zu ver-
setzen [3]). Dass bei dieser Gelegenheit ganze Reihen morgen-
ländischer Erzählungen an den ursprünglichen, jetzt dürftig
scheinenden Sagenkreis angereiht wurden, darf weniger auffallen,
als wenn die deutsche und die iranische Sage Jahrhunderte
hindurch ohne irgend ein äusseres gemeinschaftliches Band denselben schwerfälligen Sagenstoff ungestört bewahrt hätten. Dass
die lächerliche Einleitung des mittelhochdeutschen Gedichts von
Dietrichs Flucht durchaus ohne allen Werth ist, versteht sich
von selbst.

Es ist ferner versucht worden, die Entstehung der Sage,
die man noch den Gothen selbst zuschrieb, aus einem gewissen
Rechtsbedürfnisse derselben herzuleiten [4]). Die schon oben an-

[1]) Uhland, Schriften I, S. 173.
[2]) Müllenhoff. Ztschr. VI, 443. Uebrigens können auch Reste
von Mythen eingewirkt haben. Vgl. Simrock, Loher und Maller,
p. XVII.
[3]) Nach Müllenhoff (Ztschr. VI, 447) fand sich die austrasische
Dietrichssage noch im zwölften Jahrhundert innerhalb der Grenzen
Deutschlands.
[4]) Rieger in Wolffs Ztschr. II, S. 229—235.

geführte Untersuchung Riegers ist geschickt geführt und frei
von Verstössen und gewagten Hypothesen. Allein einmal wird
sich unten ergeben, dass die Ausbildung der Sage gar nicht
den Gothen angehört, und dann mag es überhaupt zweifelhaft
sein, ob ein so durch und durch unpoetischer Begriff wie die
politische Berechtigung die Umgestaltung der Ereignisse ver-
ursachte; weiss man doch im Gegentheil, dass die jugendliche
Phantasie einzelner Individuen wie ganzer Völker selbst für
Räuber, wenn sie nur kühn sind, gerne Partei nimmt. Allerdings nimmt die spätere Sage an, dass Dietrich seinen Feinden
gegenüber im Recht war; allein es konnte das geschehn, ohne
dass aus dieser Annahme die Sage überhaupt erwachsen war.

Die Schwierigkeit löst sich am einfachsten, wenn man einmal annimmt, dass die Ausbildung der Sage nicht den Gothen,
sondern einem andern Volke angehöre, und dann, dass Dietrich
in derselben als Repräsentant seines Volkes erscheine. Beides
hat schon Wilhelm Müller angenommen[1]); nur hat er, was den
ersten Punkt anbetrifft, nicht das richtige Volk gefunden, und
im zweiten ist er viel zu weit gegangen. Die Ausbildung der
Dietrichssage soll nämlich nach Müller den Franken angehören.
Bekanntlich spielten diese den Gothen gegenüber eine sehr feind-
selige Rolle; da aber Dietrich in allen Sagen seines Kreises
zwar als verfolgter, aber doch als heldenmüthiger und geprie-
sener König, seine Feinde hingegen meist treulos und ungerecht
erscheinen, so weist das, da in der Regel jedes Volk für seine
oder für ihm befreundete Helden Partei nimmt, auf ein den
Gothen befreundetes Volk. Auch die nordische Sage, das dritte
Gudrunenlied und die prosaische Einleitung zum zweiten, kennen
König Thidrek an Atlis Hof, jedoch nicht als Bezwinger der

---

[1]) a. a. O. S. 163. 168 ff.

Ginkunge, welche Rolle vielmehr von Atli selbst geführt wird.
Wenn sich die süddeutsche Sage hierin von der nordischen
unterscheidet, so ist die Ursache ohne Zweifel in geschichtlichen Begebenheiten zu suchen, von denen der Norden entweder
nur mangelhafte oder gar- keine Kunde hatte. Wäre aber
wirklich, wie Müller annimmt, die Niederlage der Franken
durch Theoderichs Feldherrn Juba im Jahre 508 das Ereigniss,
in Folge dessen die gothischen Sagenhelden den fränkisch-bur-
gundischen entgegengestellt wurden, so ist nicht abzusehn, warum der Norden diesen feindlichen Gegensatz nicht auch kennen
sollte.

Der Stamm, welchem die Ausbildung der Dietrichssage
angehört, ist ohne Zweifel der alamannische. An die Ostgothen
selber darf schon darum nicht gedacht werden, weil kein Volk
gerne sein eigenes Unglück besingt, und dann war doch Theoderichs Andenken noch zu frisch im Gedächtnisse seines Volkes,
als dass eine so totale Umgestaltung der Geschichte schon bei
ihnen möglich gewesen wäre. Bei den Alamannen hingegen
lässt sich eine entstellende Weiterbildung gothischer Geschichte
sowohl als Sage sehr leicht erklären. Eine Weiterbildung; denn
gothische Grundlagen mochten allerdings schon vorhanden sein.
Gothisch ist ohne Zweifel die Sage von Ermenrich und seinem
ungetreuen Rathgeber, von Schwanhildens Zerreissung und der
Rache der Brüder; auch der Wittig der Sage entspricht theilweise wenigstens einem schon bei Jornandes genannten Helden [1].
Dieses und vielleicht noch anderes scheint schon zu Theoderichs Zeit gothische Heldensage gewesen zu sein, und für Ermenrich wenigstens ist der Beweis noch vorhanden, dass ihm
die Sage schon zur Zeit der Gothenherrschaft in Italien jenen

[1] Cap. 5 und Cap. 34. Müllenhoff Ztschr. XII, 255 ff.

entsetzlichen Charakter verliehen hat, der ihn im spätern Epos
kennzeichnet [1]). An diesen schon gegebenen, der Grundlage
nach geschichtlichen, aber vielleicht doch schon ausgeschmückten
und durch Häufung gemehrten Stoff reihte sich jetzt, freilich
mit Missachtung der Geschichte, der glänzendste und edelste
Held der Völkerwanderung, der Ostgothe Theoderich. Die
Alamannen aber hatten Anlass genug, den gothischen Eroberer
Italiens in dankbarem Andenken zu behalten [2]); denn ihm ver-
dankten sie die Schonung, mit welcher die Franken sie behan-
deln mussten, und zu seinem Reiche hatten die in Rhätien und
Noricum wohnenden geradezu gehört. Ebenfalls alamannisch
scheint die in Breisach heimische Sage von den Harlungen zu
sein, welche in der Heldensage zu Ermenrich in ebendemselben
Verhältniss wie Dietrich stehn. Auf alamannischem Boden voll-
zog sich wohl auch die Einreihung des Berners in den Mythus
von Sintram und Baltram, wofür das schon oft genannte Bildwerk im Basler Münster das älteste wenigstens in den Beginn
des zwölften Jahrhunderts fallende Zeugniss liefert [3]). Nicht
minder wichtig ist endlich die Bedeutung, welche Dietrich als
Bekämpfer schädlicher Ungeheuer auf schwäbischem Boden
hatte [4]); sind auch die Belege hiefür relativ jung, so ist doch
der Rückschluss auf ältere Vorbilder nicht unerlaubt. Kurz
eine so ehrfurchtsvolle und anerkennende Behandlung, wie sie
Dietrich im deutschen Epos geniesst, kann ihrer Grundlage nach
nur von einem befreundeten Volke herrühren, und dann sprechen
für die Alamannen sicherlich die meisten Gründe. Man müsste

[1]) Müllenhoff. Ztschr. XII, 254.
[2]) Uhland. Germania I, 304 ff.
[3]) Wackernagel. Ztschr. VI, 161.
[4]) Uhland. Germania I, 304. ff.

den Franken eine in der That unerhörte Unparteilichkeit zu-
trauen, wenn man annähme, sie hätten die Dietrichssage ge-
schaffen, dabei aber den Feind mit aller der Achtung behan-
delt, die seine Tapferkeit verdiente. Also in der Sage erscheint Dietrich nicht als Repräsentant
seiner eigenen und einzelnen Persönlichkeit, sondern er ver-
einigt in seiner Person die Schicksale seines Volkes und zwar
sowohl diejenigen, welche dem geschichtlichen Theoderich vor-
ausgiengen als die spätern. An und für sich hatte z. B. der
historische Theoderich mit dem historischen Attila nichts zu
thun; allein die Sage kümmert sich nichts um diese Differenz
und macht beide zu Zeitgenossen, indem sie das Abhängigkeits-
verhältniss, in welchem die Gothen zu Attila gestanden hatten,
an die Person Dietrichs knüpft. Möglich, dass auch die bevor-
zugte Stellung, welche der damalige Gothenfürst Valamir bei
Attila einnahm (Jorn. c. 38), auf die Dietrichssage nicht ohne
Einfluss blieb [1]). Und erleichtert mochte diese Stellung Dietrichs
in der Sage dadurch werden, dass in der That Theoderich als
Besitzer Italiens abhängig war vom byzantinischen Hof; da sich
in deutscher Sage der Name des byzantinischen Kaisers nirgends
findet, kann Etzel auch an dessen Stelle getreten sein, sobald
die wirklichen geschichtlichen Verhältnisse durch die Verände-
rungen von Ort und Zeit gehörig verdunkelt waren. Als nun
bald nach Theoderichs Tode das Ostgothenreich zerfiel, wirkte
das auf die Gestaltung der Sage insofern ein, dass Dietrich,
welcher doch thatsächlich fast in allen Unternehmungen glück-
lich gewesen war, als vertriebener und landflüchtiger König erscheint; so schon in dem ältesten poetischen Zeugniss auf deutschem Boden, dem Lied von Hildebrand und Hadubrand. Zwar

[1]) Rieger a. a. O. 232.

ist Dietrich hier nur gelegentlich genannt, und der Hauptheld des Gedichtes ist sein treuer Waffenmeister Hildebrand; aber das Ganze setzt doch schon diejenige Gestaltung der Sage voraus, nach welcher Dietrich, durch Odoaker vertrieben, nach dreissigjährigem Exil in die Heimat zurückkehrt. Das Gedicht gehört in seiner ursprünglich wohl althochdeutschen Gestalt [1]) dem achten Jahrhundert an, und das gewiss wenig jüngere angelsächsische Gedicht Deórs Klage (Rieger. Alt- und angelsächsisches Lesebuch, S. 82 ff.) berichtet, jedoch ohne Odoaker zu nennen, von Dietrich dasselbe. Ueberall in diesen ältesten Quellen — und spätere mittelhochdeutsche Gedichte berichten im Ganzen dasselbe — kehrt Dietrich aus der Verbannung zurück und nimmt sein Reich wieder in Besitz. Das beweist, dass neben der Sage, welcher die Vertreibung Hauptsache war, auch das Andenken an den geschichtlichen Theoderich nicht erloschen war, dass aber eben das Unglück des gesammten gothischen Volkes in der Art auf Dietrichs Stellung eingewirkt hatte, dass jetzt auf ihn übertragen wurde, was in Wirklichkeit erst nach seinem Tode geschah. War die Sage einmal diesen Weg gegangen, so musste sie auch annehmen, schon Dietrichs Vater Dietmar (der geschichtliche Theodemir) habe Italien beherrscht, nach seinem Tode aber sei der Sohn des vom Vater regelrecht ererbten Landes beraubt worden. Auf diese Weise wurde allerdings der erste und einzige Einmarsch der Gothen in der Sage zu einer Heimkehr, und man hat daher nicht nöthig, letztere durch Wuotansmythen zu erklären.

Wichtig ist ferner die Frage, wer in der ältesten Ueber-

[1]) Holtzmann. Germania IX, 269—292; eine Abhandlung, die übrigens sowohl zu viel als zu wenig giebt und in andern Fragen die »herrschende Lehre« schwerlich erschüttern wird.

lieferung als Dietrichs Feind erschien, Odoaker, sein geschichtlicher Gegner, oder der ältere Amelung Ermenrich. W. Grimm
nimmt an, der Otacher des Hildebrandsliedes sei an Sibichs
Stelle getreten, und das Ganze sei ein „weiterer" Versuch, die
Sage mit der Geschichte mehr in Einklang zu bringen [1]). Allein
ebensogut ist es möglich, das beide Namen eine Zeit lang neben
einander bestanden; dagegen ist es ziemlich unwahrscheinlich,
dass der Sänger des Hildebrandsliedes, der doch schwerlich
ein Gelehrter war, darauf ausgieng, die Sage durch dergleichen
Besserungen gleichsam glaubwürdiger und annehmbarer zu
machen. Das älteste Zeugniss nämlich für die Verbindung von
Dietrich und Ermenrich bietet auf deutschem Boden Chronicon
Quedlinburgense (geht bis 1025): (Ermanaricus) Theodoricum
similiter patruelem suum, instimulante Odoacro, patruele suo,
de Verona pulsum, apud Attilam exulare coëgit [2]); allein ältere
Belege für die Verbindung ergeben sich aus angelsächsischen
Gedichten. Schon in Deórs Klage ist dieselbe ohne Zweifel
vorausgesetzt, auch wenn man von der von Müllenhoff vorge-
schlagenen Strophenversetzung [3]) absieht. Noch sicherer aber ist
die von Müllenhoff erklärte Stelle des zweiten Bruchstücks von
Walther und Hildegund; dort ist Wittig, Ermenrichs Mann, in
einer Weise neben Dietrich angeführt, welche die Verbindung
der Dietrichs- und Ermenrichsage als ganz sicher erscheinen
lässt [4]). Das Bruchstück mag dem achten Jahrhundert angehören; sachlich jedoch entspricht es wie der Vidhsidh der Ansicht des sechsten [5]), und damit wäre also die besprochene Ver-

---

[1]) Heldensage S. 25.
[2]) Pertz. Monum. Germ. III. 31.
[3]) Ztschr. XI, 274.
[4]) Ztschr. XII, 279.
[5]) Ztschr. XII, 274.

bindung in dasselbe Jahrhundert hinaufgerückt, in welchem
Theoderich starb und sein Reich zerfiel. Da aber die Sage
sich erst in diesem Jahrhundert bildete, so wird sich in der
That nicht mehr entscheiden lassen, ob Odoaker vor Ermenrich
als Gegner Dietrichs erschien.

Eine ganz eigenthümliche Stellung nimmt ein in lateini-
scher Prosa abgefasster Bericht über Theoderichs Verhältniss
zu Odoaker sowohl als zum byzantinischen Hof ein [1]. Derselbe
soll zunächst ohne Zweifel wirkliche Geschichte enthalten; allein
schon J. Grimm hat Widersprüche mit der Geschichte ent-
deckt [2], und der Name von Theoderichs Berather Ptolemäus,
hinter welchem Uhland den Hildebrand der Sage versteckt
glaubt [3], ist auch nicht geeignet, das Ganze als geschichtlich
erscheinen zu lassen. Dennoch hat diese Erzählung nicht den
Charakter der eigentlichen Sage, nach welcher der König völlig
um sein Reich gebracht wird. Er unterliegt bloss in einer
Schlacht dem Odoacker und flieht dann allerdings, siegt aber
unmittelbar darauf wieder über seine Feinde; ferner ist seine
politische Abhängigkeit von Byzanz noch nicht verwischt,
während die wirkliche Sage nichts mehr davon weiss. Der
Verfasser wollte ohne Zweifel die Thaten des geschichtlichen
Theoderich darstellen, konnte sich aber dem Einflusse der schon
lebendigen Sage nicht mehr ganz entziehn, wenn er sie auch
in ihrem vollen Umfange nicht aufnahm.

Die Abhängigkeit Theoderichs vom Hofe zu Konstantinopel
entspricht dem Verhältniss, in welchem der Dietrich der Sage
zu Ermenrich steht; nur hat die Sage die verschiedenen Kaiser,

[1] Canisius. Lect. ant. ed. Basn. II. 188 ff. J. Grimm. Reinh. Fuchs,
p. XLIX.
[2] Reinhart Fuchs p. XLIX.
[3] Germania I. 339.

von Zeno an bis auf Justinian, den Zerstörer des Gothenreichs,
in eine Person zusammengefasst, gerade wie sie das Schicksal
des Gothenvolkes an die eine Person Theoderichs knüpfte. Allerdings erscheint Ermenrichs Kaisertitel nicht vor der mittelhochdeutschen Zeit, während ihn ältere, reinere Zeugnisse nur als
Gothenkönig zu kennen scheinen. Wenn aber die Ausbildung
der Sage einmal nicht den Gothen angehört, so darf man sich
auch hierüber nicht mehr wundern; die Alamannen liessen zwar
Ermenrich an Justinians Stelle treten, nannten ihn aber Gothenkönig, wie er es ja in der That gewesen war. Auch Odoaker
wurde von Ermenrich bald überragt, ohne Zweifel weil letzterer
einen viel sagenhaftern Charakter trug und gleichsam schon
durch sein rein geschichtliches Auftreten für die Sage sich
eignete. Das Hildebrandslied nennt noch Odoaker, während
die wenig spätern angelsächsischen Gedichte nichts von ihm zu
wissen scheinen; das Chronicon Quedlinburgense aber konnte
ihn nur noch dadurch retten, dass es ihm Sibichs Rolle an-
wies[1]), ihn also neben und unter Ermenrich stellte. Die mittelhochdeutschen Gedichte und die Thidrekssage kennen nur noch
Ermenrich als Dietrichs Gegner.

Eine, so weit unsere Quellen reichen, eng mit Dietrich
verbundene Sagenfigur ist Hildebrand; schon in der S. 22 be-
sprochenen lateinischen Stelle des siebenten Jahrhunderts mag er
unter dem Namen Ptolemäus verborgen sein, und ein Jahrhundert später ist er der Held des Liedes von Hildebrand und
Hadubrand. Bei der Stellung, welche Hildebrand zu Dietrich
einnimmt, ist die Annahme einer mythischen Grundlage, etwan
eines Wuotansheros, keineswegs ohne Berechtigung[2]), obschon

[1]) Rieger a. a. O. 234. 235.
[2]) W. Müller a. a. O. 177.

sich auch in der ältern Geschichte der Amaler eine Persönlichkeit findet, welche auf seine Gestaltung mag eingewirkt haben [1]).
Das Eingreifen des Gottes in die Schicksale der von ihm stammenden Königsgeschlechter ist aus der Völsungasaga bekannt.
genug, und dass er namentlich da seinen Rath ertheilt, wo es
sich um Krieg handelt, ergiebt sich aus dem Wesen des Gottes;
Hildebrand könnte ein Beiname Wuotans sein so gut wie Huikarr
im zweiten eddischen Liede von Sigurd (Str. 18, Lüning); dass
aber die Amaler wie andere germanische Königsgeschlechter von
Wuotan sich ableiteten, beweist der Name Gaut in ihrer Stamm-
tafel bei Jornandes (c. 14).   Nur ist zu berücksichtigen, dass
Hildebrand, wenn er mit Wuotan im Zusammenhang steht, im
Laufe der Zeit seine mythische Natur je länger je mehr abge-
streift und dafür eine bloss heldenhafte angenommen hat.

Welchen Ausgang der Kampf des Vaters mit dem Sohne
hatte, ist bei dem lückenhaften Zustande des althochdeutschen
Gedichts schwer zu sagen.   Das mittelhochdeutsche Volkslied,
welches denselben Gegenstand behandelt, und die Thidrekssage
sprechen nicht für ein tragisches Ende, und was sich Aehnliches
in den Sagen anderer Völker findet, führt auch zu keiner Entscheidung [2]).   Wer aber einen tragischen Ausgang des Kampfes
annimmt, hat wieder die Wahl, ob er den Vater oder den Sohn
will umkommen lassen.   Für den Tod des Alten mag die per-
sische Sage von Rostem und Suhrab sprechen [3]); was hingegen
Grein dafür angeführt hat [4]), gründet sich auf eine sehr späte
und darum nicht entscheidende Stelle.   Nimmt man umgekehrt
die Tödtung des Sohnes durch den Vater an, so mag hiefür

---

[1]) Müllenhoff. Ztschr. XII, 254.
[2]) Uhland. Schriften I, S. 164 ff.
[3]) Wackernagel. Geschichte der deutschen Litteratur § 24, 8.
[4]) Hildebrandslied, S. 42.

das mittelhochdeutsche Lied angeführt werden, wo der Alte
zwar nicht gerade als Mörder, aber doch als Bezwinger seines
Sohnes erscheint. Eine solche Milderung des ursprünglichen
Thatbestandes war um so eher denkbar, als die Tödtung des
Sohnes durch den eigenen Vater weit widernatürlicher erscheint
als das Gegentheil. Ebendiese Gestalt der Sage erklärt sich
aber auch aus der Tendenz, die Heldenzeit ein für alle Male
abzuschliessen, wie sich dieselbe in viel späterer Zeit in der
Vorrede des Heldenbuchs zeigt [1]; allerdings ist die betreffende
Stelle sehr auffallend, wenn sie z. B. Hildebrand durch Gunther
umkommen lässt, und sie scheint eigentlich nichts als das
„Abthun" der Helden zu bezwecken; allein gerade letzteres
ist, wenn man von den Einzelheiten absieht, der Kern dieses
Theils der Sage.

Sowohl Hildebrands als Dietrichs Heimkehr sind schon mehr-
fach der Mythologie zugewiesen worden [2]: indessen ist Dietrichs
Rückkehr nur eine sagenhafte Auffassung seines Einzugs in
Italien, und Hildebrand gehört natürlich zu Dietrich. Dass die
Sage ähnliche Züge angebracht hat, wie sie bei Saxo Gramma-
ticus in Bezug auf Wuotan vorliegen, darf nicht befremden ;
man braucht aber desshalb noch keine Uebertragung eines
Wuotansmythus auf Dietrich anzunehmen.

---

[1] Müllenhoff. Ztschr. X, 179. Vgl. auch Rieger. Germania IX.
S. 314 ff.

[2] Simrock. Mythologie. 2te Aufl., S. 322. — Müller a. a. O. 177.

Die Ermenrichssage.

Ermenrich, König der Gothen, lässt seinen einzigen Sohn Friedrich tödten und hierauf seine Neffen Imbrecke und Fritile hängen. Auf Anstiften Sibichs vertreibt er auch seinen Neffen Theoderich aus Verona und zwingt ihn, bei Attila Schutz zu suchen. Zuletzt werden ihm zur Strafe für Schwanhilds Ermordung von deren Brüdern Hände und Füsse abgehauen, und er siecht langsam hin.

So ungefähr mochte die Sage von Ermenrich um das Jahr 1000 im Umriss lauten, wenigstens nach Chronicon Quedlinburgense, das 1025 schliesst [1]). Wenn es daselbst von Schwanhilds Brüdern heisst „quorum patrem (Ermanaricus) interfecerat", so ist darin keineswegs unbekannte sagenhafte Abweichung, sondern gegenüber den übereinstimmenden Zeugnissen von Jornandes (cap. 24.), Edda (prosaische Einleitung zu Gudhrûnarhvöt und Hamdhismâl Str. 3) und Völsunga saga (cap. 42) nichts als ein Verstoss zu suchen. Warum die Chronik statt Sibichs Odoaker als Ermenrichs Rathgeber nennt, ist schon oben erläutert (S. 23).

Weit einfacher lautet nun aber der Bericht des Jornandes über die letzten Schicksale König Ermenrichs, c. 24: Ermanaricus, rex Gothorum, licet multarum gentium extiterit thriumphator, Roxolanorum gens infida, quae tunc inter alias illi famulatum exhibebat, tali eum nanciscitur occasione decipere. dum

---

[1]) W. Grimm. Heldensage, S. 31 ff.

enim quandam mulierem Sanielh nomine, ex gente memorata,
pro mariti fraudulento discessu, rex furore commotus, equis fero-
cibus illigatam, incitatisque cursibus, per diversa divelli præcepis-
set, frater ejus Sarus et Ammius germanæ obitum vindicantes, Er-
manarici latus ferro petierunt, quo vulnere saucius, ægram vitam
corporis imbecillitate contraxit — — Ermanaricus tam vulneris
dolorem, quam etiam incursiones Hunnorum non ferens, grand-
dævus et plenus dierum, centesimo decimo anno vitæ suæ de-
functus est. — Von Dietrich also und von den Harlungen noch
keine Spur, nicht einmal Sibichs Name ist genannt; doch hat
schon Grimm mit Recht erkannt, dass das treulose Geschlecht
in Ermenrichs Nähe dem Sibich oder Sifka der spätern Sage
entspricht [1]). Im Uebrigen ist kein Grund vorhanden, an der
geschichtlichen Wahrheit dieser Erzählung zu zweifeln; denn
wenn auch Jornandes ab und zu gothische Sagen berichtet, so
konnte doch Ermenrich, der nobilissjmus Amalorum, zu seiner
Zeit noch nicht völlig sagenhaft geworden sein. Dass Ermenrich
über viele Völker herrschte, bezeugt schon Ammianus Marcel-
linus (XXXI, 3), und dass er dem Einfall der Hunnen erlag,
wissen wir aus ebendemselben Schriftsteller. Es ist auch sehr
natürlich, dass die unterworfenen Völkerschaften bei Einbruch
der Hunnen die gothische Herrschaft abzuwerfen suchten; aber
selbst in der Zerreissung Sanielhs (Schwanhilds) liegt nichts
ausserordentliches; das viel spätere Schicksal der ohne Zweifel
historischen merovingischen Brunhild beweist zur Genüge, dass
dergleichen an den germanischen Höfen jener Zeit möglich war.
Allerdings ist Schwanhilds Tod von Andern mythisch erklärt
und auf die Abendröthe bezogen worden [2]). Sigurds Vater-

---

[1]) Heldensage, S. 2.
[2]) Menzel. Odin S. 801. Simrock. Mythologie S. 30.

schaft beweist aber rein nichts, weil sie erst im Norden dadurch willkürlich mit den Wölsungen verbunden wurde; eher liesse sich dafür anführen, dass in der Edda Schwanhild nicht wie bei Jornandes zerrissen, sondern durch die Hufe der gothischen Rosse zerstampft wird [1]). Nun wusste der Norden auch von einer Svanhildr Gullfiödhr (Goldfeder), einer Tochter Dagrs und Sôls [2]), also wohl selbst einer lichten Göttinn; letztere könnte in der That eine Personification der Abendröthe. der Sack. welcher ihr (Völs. saga c. 40) über das Haupt gezogen wurde, ein bildlicher Ausdruck für das anbrechende Dunkel sein. Wurde aber diese mythische Schwanhild mit der geschichtlichen identificiert, so erklärt sich leicht, warum das Zerstampftwerden an die Stelle des Zerrissenwerdens trat; dagegen scheint der Glanz ihrer Augen wiederum von Sigurds Vaterschaft herzurühren.

Sowohl die mittelhochdeutschen Gedichte als die Thidrekssage haben Schwanhild ganz vergessen; aber ihr früheres Vorkommen in deutscher Sage wird durch Chronicon Quedlinburgense bezeugt.

Wenn oben (S. 17) angenommen wurde, die Sage von Dietrich sei ihrer Grundlage nach nicht gothisch, sondern alamannisch, so wird bei der Ermenrichssage das Umgekehrte der Fall sein. Einmal ist S. 18 ein bestimmtes Zeugniss dafür angeführt worden, dass Ermenrich schon unter den Gothen im Rufe eines frevelhaften Tyrannen stand; es wäre auch schwer zu erklären. warum erst die Alamannen ihm diesen Charakter angedichtet hätten, wenn die gothische Ueberlieferung ihn anders geschildert hätte. Nimmt man hingegen an, der geschichtliche Ermenrich habe seine Herrschaft nicht ohne mannigfache Ver-

---

[1]) Gudhrûnarhvöt. Str. 2 und 16. Hamdhis mâl Str. 3.
[2]) Fornaldar Sögur II, 7.

letzung älterer Rechte und nicht ohne Beeinträchtigung derer
gehandhabt, deren Adel älter war als der der verhältnissmässig
jungen Amaler [1]), so ist der grauenvolle Typus, den die Sage
ihm verliehen hat, der Reaction gegen sein Regiment zuzuschreiben. Jornandes freilich ist der Geschichte treuer geblieben und ist überhaupt von Bewunderung für den grossen König
erfüllt; indem Ermenrich die Treulosigkeit des flüchtigen Roxo-
lanen rächt, erscheint seine Handlungsweise gegen Schwanhild
berechtigt. In der spätern Sage hingegen erscheint der König
von Anfang an im Unrecht; er entehrt die Gattinn seines
Rathgebers Sibich während dessen Abwesenheit und wird nun
von dem Letztern zu jeglicher Unthat verführt. Empfiengen
die Erben der gothischen Heldensage einmal solchen Bericht
über Ermenrich, so war es kein Wunder, wenn sie auf den
Einfall geriethen, auch Dietrichs Missgeschick auf diesen ältern
Amaler zurückzuführen, und je höher jener in ihrer Achtung
stand, desto tiefer musste dieser natürlich sinken. Schon im
Vidhsidh heisst er vrådh und værloga (Z. 9), die Edda schildert
ihn auch feindselig genug und, was sehr zu beachten ist, be-
reits als Mörder des eigenen Sohnes; die mittelhochdeutschen
Gedichte vollends bieten alles auf, ihn als eine wahre Ausge-
burt der Hölle darzustellen. Zu beachten ist, dass Jornandes
weder den Tod von Ermenrichs Sohn noch den der Harlunge
kennt; die Edda weiss, dass der König seinen Sohn hinrichten
liess, kennt aber die Harlunge ebenfalls nicht. Daraus ergiebt
sich, dass der Tod des Königssohnes in der Sage älter ist als
der der Neffen, dass ersterer wahrscheinlich der gothischen,
letzterer sicher erst der alamannischen Sage angehört.

Indem also Jornandes bei der Geschichte stehen bleibt und

---

[1]) Dahn. Könige der Germanen II, 98.

Schwanhild wegen betrügerischer Flucht ihres Gatten getödtet
wird, zeigt das Fehlen von Friedrichs Tod, dass dieses der Sage
angehören muss. Indem aber die Sage letzteres Ereigniss bildete, musste sie auch eine Ursache dazu erfinden; diese aber
besteht darin, dass Schwanhild jetzt nicht mehr als Sibichs
Gemahlinn erscheint, sondern als die Ermenrichs, und dass Sibich
dem Königsohne räth, dieselbe sich anzueignen, hernach aber
die Sache treulos dem Vater verräth: hann rêdh that at Randver
konungs son skyldi taka hana; that sagdhi Bikki konungi.
Konunga lêt hengia Randve en trodha Svanhildi undir hrossa
fôtum [1]). Chronicon Quedlinburgense erwähnt einfach die That-
sache, ohne Gründe anzugeben, was aber nicht als Beweis gegen
letztere darf geltend gemacht werden. Was den Namen anbetrifft, so spricht wenigstens die Uebereinstimmung des Chronicon Quedlinburgense mit den mittelhochdeutschen Gedichten[2])
für die Ursprünglichkeit des Namens Friedrich, und vielleicht
lässt sich auch noch der Freotheric, welchen Vidhsidh an Ermenrichs Hof nennt, dafür anführen; auch die Thidrekssaga
hat neben zwei andern Brüdern einen Namens Frederik (cap. 278).
In der Edda hingegen heisst Jörmunreks Sohn Randver, bei
Saxo Broder.

Es folgt die Rache der Brüder an Ermenrich. Jornandes
kennt deren nur zwei und nennt sie Sarus und Ammius, ent-
sprechend dem Sörli und Hamdir der Edda. Man könnte annehmen, er habe den dritten Bruder Erp ebenfalls gekannt und
ihn nur übergangen, weil derselbe unterwegs von seinen Brüdern erschlagen wurde und gar nicht bis zu Ermenrich ge-

[1]) Prosaische Einleitung zu Gudhrûnarhvöt.
[2]) Dietrichs Flucht V. 2458 fl., 3518, 3573, 3836, 3908, 8234 ff.
Heinrich von München, Heldensage S. 204.

langte. Allein wahrscheinlich ist Erp Sohn des Jonakur aus
seiner Ehe mit Gudrun, Sörli und Hamdir dagegen von dessen
früherer Gemahlinn[1]), und in diesem Falle konnte Jornandes
natürlich den Erp nicht kennen; die Verbindung Ermenrichs
mit den Wölsungen ist bekanntlich Erfindung des Nordens,
wenn schon der Name Erp deutsch ist[2]); es hiess auch Atlis
Sohn von Gudrun so[3]), und der Name kann also leicht blosse
Wiederholung dieses frühern Erp sein. Dass er aber nicht,
wie Grimm annimmt[4]), ein und dieselbe Person mit demselben
ist, geht schon aus Hamdhismâl Str. 8 hervor, wo der Tod dieses frühern Erp erwähnt wird, und aus Str. 14, wo er im Gegensatz zu Sörli und Hamdir sundrmœdhri (Sohn einer andern
Mutter) heisst.

Dass die deutsche Sage die Brüder ganz sollte vergessen
haben, ist nicht wahrscheinlich und wird schon durch Chronicon
Quedlinburgense widerlegt; aber sie hat dieselben zu Dietrich,
also in eine ganz andere Stellung gebracht, wozu das Gemein-
same der Feindschaft gegen Ermenrich mag mitgeholfen haben.
Ich stimme daher der Vermuthung P. E. Müllers bei, welcher
annimmt, „dass die drei Pflegebrüder Erp, Ortwin und Thetter
(Diether) zum Kampfe gegen Ermenrek ziehen und in der ge-
wonnenen Schlacht fallen, sei eine dunkle Erinneruug an Sörles
und Hamdirs Zug gegen Jörmunrek.“[5]) Dunkel ist die Erinnerung allerdings; aber man muss bedenken, dass die Brüder
in Deutschland, wo die Verbindung mit den Wölsungen fehlte,

---

[1]) Simrock. Edda, S. 500 u. 501. (3te Auflage).
[2]) J. Grimm. Ztschr. III, 155.
[3]) Nämlich im Norden; in der süddeutschen Sage heisst er
Ortlieb.
[4]) Ztschr. III, 156.
[5]) Sagenbibliothek II. S. 224 in der Uebersetzung von Lange.

leicht zu Kindern Etzels und Helches werden konnten; da der
Mörder wie im Alphart Wittig ist, so ist es nicht unmöglich,
dass Diether in der Rabenschlacht (und schon früher im Meier
Helmbrecht) dem ebenfalls von Wittig getödteten jungen Alphart der echtern Sage entspricht[1]); nur hätte dann die spätere
deutsche Sage den Erp gleich der Schwester Schwanhild vergessen

Nach Friedrichs Tode lässt Ermenrich seine beiden Neffen
Imbrecke und Fritile hängen. Die beiden Brüder sind das Geschlecht des Harlunge; Herilunc oder Harlunc weist auf her,
here, ahd. hari, heri (Heer, Menge), vielleicht auch auf das
althochdeutsche Zeitwort harên zurück[2]), hat aber jedesfalls
nichts mit dem gothischen Substantiv haírus (Schwert) zu thun;
was daher Mone[3]) u. A. von der Identität der geschichtlichen
Heruler und der Harlunge der Heldensage geltend gemacht
haben, ist grammaticalisch unmöglich. Weder Jornandes noch
die Edda kennen den Untergang der Harlunge durch Ermenrich; ersterer nicht, weil sie mit Ermenrich ursprünglich gar
nichts zu thun hatten, letztere nicht, weil die Sage überhaupt
später und nicht mehr gothisch ist. Die Sage von den Harlungen
war ursprünglich wahrscheinlich eine alamannische; sie zeigt
im Grunde wenig Selbständigkeit und wiederholt eigentlich
bloss diejenigen Motive, welche einerseits in dem Verhältniss
Friedrichs, andrerseits in dem Dietrichs zu Ermenrich schon
gegeben waren. Für Alamannien spricht zunächt der Ort, an
welchem die Sage localisiert ist, der Breisgau und seine alte
Hauptstadt Breisach am Rhein. Nämlich Eckehard im Chronicon Urspergense (geht bis 1126) berichtet: Est autem in con-

---

[1]) Deutsches Heldenbuch II, hgg. von E. Martin, p. XXI.
[2]) Wackernagel. Altdeutsches Wörterbuch S. 126 a, 131 b.
[3]) Untersuchungen zur Geschichte der teutschen Heldensage S. 81.

finio Alsatiæ castellum vocabulo Brisach, de quo omnis adjacens pagus appellatur Brisachgowe, quod fertur olim fuisse illorum, qui Harlungi dicebantur [1]). Mit Eckehards „olim" dürfte die Behauptung schwerlich zu vereinigen sein, dass die Localisierung erst unter Berthold V von Zähringen erfolgte [2]). Eckehard nennt indessen die Harlunge nicht zuerst; schon das Chronicon Quedlinburgense weiss von ihrer Ermordung durch Ermenrich, jedoch ohne den Breisgau als ihre Heimath zu nennen; doch ist das noch kein Beweis gegen ein höheres Alter desselben als Sitz der beiden Brüder.

Macht und Reichthum sind nach älterem germanischem Sprachgebrauche zwei fast untrennbare Begriffe [3]), und letzterer, der Schatz oder Hort in der Sprache des Epos, bildet recht eigentlich die Macht der germanischen Könige; daher auch die leidenschaftliche Gier, mit welcher jeder seinen Schatz auf Unkosten Anderer und Schwächerer zu vermehren trachtet, für welche sowohl die Geschichte als die Sage überaus zahlreiche Belege liefert. Sagenberühmt ist nun neben dem Nibelungenhort namentlich der Schatz König Ermenrichs; schon der angel-. sächsische Beovulf kennt ihn und zwar unter dem Namen Brôsingâ men:

nænigue ic under sveg [le]	sêlran hyrde
hordmâdhdhum hælethâ,	sythdhan Hâma ætvæg
tô thære byrhtan [b]yrig	Brôsingâ mene
sigle and sincfæt,	[s]earonídâs fealh
Eormenrîces,	geceás êcne ræd
(Nie mir Kunde kam	von köstlicherem Schmucke,
Halskleinode der Helden,	seit Hâma fort trug

[1]) W. Grimm. Heldensage S. 38.
[2]) Simrock. Rheinland (4. Auflage) S. 50.
[3]) Müllenhoff. Ztschr. X. 155.

zur beerstrahlenden Burg	der Brosinge Kleinod,
Hort und Habe;	den Hass erfuhr er
Eormanrikes,	erkor ew'ges Heil [1]).

Brosingamen ist dasselbe als das eddische Brisingamen, der Schmuck der Göttinn Freyja [2]); ursprünglich aber scheint Brisingamen eine symbolische Bezeichnung der Sonne gewesen zu sein [3]), und es beruht offenbar auf einem Vergleiche, wenn in der Heldensage König Ermenrichs Gold denselben Namen führt. Da aber Ermenrichs Gold von den Harlungen stammte, so wird Brisingamen ursprünglich der Hort dieser Brüder gewesen sein. Wenn aber die Harlunge ihren Sitz auf dem mons Brisiacus hatten, so mochte gerade dieser Name die Ursache gewesen sein, wesshalb man den wahrscheinlich unverständlich gewordenen Namen auf das Gold dieser Helden anwandte. In späterer Zeit verschwindet der dunkle Name, und der der Harlunge bleibt allein übrig, ja er wurde sogar in norddeutschen Gegenden localisiert [4]).

Mit den Harlungen eng verbunden zeigt sich der getreue Eckart. Ohne Zweifel ist derselbe ursprünglich ein mythisches Wesen; denn die spätere Volkssage hätte schwerlich denselben nach dem Charakter, den das Epos ihm beilegte, zum Warner am Eingang des Venusberges [5]) und der Hölle [6]) wie bei dem

---

[1]) Nach Ettmüllers Uebersetzung.

[2]) Hamarsheimt 13, 15, 19.

[3]) Wislicenus. Die Symbolik von Sonne und Tag in der germanischen Mythologie. S. 21 ff. — Ueber den vermutheten Amelungenhort vgl. jetzt W. Grimm. Heldensage. S. 164. Anmerkung (Müllenhoff).

[4]) Volckmar. Zur Stammes- und Sagengeschichte der Friesen und Chauken. S. 85. W. Grimm. Heldensage S. 38. Anmerkung (Müllenhoff).

[5]) W. Grimm. Heldensage S. 292.

[6]) Ebend. S. 306.

wilden Heer der Holla[1]) gemacht, und es ist vielmehr ein alter
Zusammenhang zwischen ihm und der höchsten Göttinn anzunehmen[2]). Nach W. Müller sind auch die königlichen Frauen
des Nibelungenliedes nichts andres als die lichte und die dunkle
Seite derselben Göttinn[3]), und so kommt es[4]), dass auch hier
Eckewart neben der verwitweten Kriemhild als treuer Diener
erscheint, Str. 1041 (A):

Dô diu edel Kriemhilt   alsô verwitwert wart,
bî ir iume lande   der grâve Ekewart
beleip mit sínen mannen: der diende ir ze allen tagen
und half ouch síner vrouwen   sínen hêrren diko clagen.

Dass der zweite Theil von Eckehards Namen von untergeord-
neter Bedeutung ist, hat Mannhardt nachgewiesen[5]) und dadurch
die Identität von Eckewart gesichert; das der ursprünglichen
Wurzel angehängte wart scheint ihm als Greuzhüter (Markgraf)
kennzeichen zu sollen.   Welches Amt Eckart übrigens versah,
ist bei den dürftigen Nachrichten über ihn und bei dem Fehlen seines Namens in der nordischen Götterlehre nicht recht
deutlich; J. Grimm (Myth. S. 888) denkt an eine Art von Hof-
mann oder Begleiter; der weisse Stab, den die Volkssage ihm
beilegt, könnte ebensogut Eckarts richterliche Stelle andeuten[6]).

Nach Müllenhoff liegt der Sage von den Harlungen ein
Mythus zu Grunde, welchem auch Sibich als Gegner des Eckehard angehört[7]); die beiden sollen aus einem Mythus stammen
so gut wie Sabene und Berchtung oder in anderer Art Hagen

---

[1]) J. Grimm. Mythologie (3. Aufl.) S. 887. Mannhardt. Mytheu S. 94.
[2]) Müllenhoff. Ztschr. XII, 303.
[3]) Nibelungensage S. 59, 68, 78, 98. 99, 103.
[4]) Doch vgl. Lachmann. Zu d. Nib. S. 336.
[5]) Mythen S. 93.
[6]) Volckmar a. a. O. S. 37.
[7]) Ztsohr. X, 163; XI, 242.

und Siegfried[1]). Es ist auch in der That nicht zu leugnen, dass zwischen Sibich und Eckart ein ethischer Gegensatz besteht, und dass ein solcher einen frühern mythischen voraussetzen kann, geht gerade aus Hagen und Siegfried deutlich hervor[2]). Gegen diese Annahme spricht jedoch, dass Eckart zu den Harlungen, Sibich aber zu Ermenrich gehört; und wenn oben (S. 27 ff.) gezeigt wurde, dass die Harlunge der schon vereinigten Dietrichs- und Ermenrichssage erst später angehängt wurden, so beweist das Fehlen der Erstern und das Vorkommen Bikkis (Sibichs) neben Jörmunrekr (Ermenrich) in der Edda, dass im Gegentheil die Ermenrichssage zu einer Zeit nach dem Norden kam, in welcher von den Harlungen noch nicht die Rede sein konnte. Wahrscheinlich ist die eigentliche Heimat Eckarts wie seines Vaters Hache[3]) der Breisgau, und seine Stellung in der Heldensage ist der Hildebrands zu Dietrich sichtlich nachgebildet. Ein Venusberg ist wenigstens in jener Gegend nachgewiesen[4]) und wir wissen, dass Venus an die Stelle der Freyja oder Holda getreten ist[5]).

[1]) Ztschr. VI. 456.
[2]) Lachmann. Zu den Nibelungen. S. 344. 345.
[3]) Müllenhoff. Ztschr. XII. 303.
[4]) Schreiber. Taschenbuch f. Gesch. u. Alterth. in Süddeutschland 1839. p. 348 ff.
[5]) J. Grimm. Mythologie. S. 887.

Wittig und Heime.

Wittig und Heime, obschon dem ostgothischen Königs-
geschlechte fremd, sind neben Dietrich und Ermenrich die hervorragendsten Gestalten der Amelungensage. Als Ermenrichs
Mannen erscheinen sie zuerst im angelsächsischen Liede des
Wanderers; der wandernde Sänger, welcher Ermenrichs Hof
aufgesucht hat, erzählt von ihnen:

ne væron thæt gesithâ	thâ sæmestan.
theáh the ic hŷ ânihst	nemnan sceolde.
Ful oft of thâm heápe	hvînende fleág
giellende gâr	on grome theóde ;
træccan thâr reóldan	rundnan golde,
verum and rîfum	Vudga and Hâma.

(nicht waren es der Gesellen geringste ;
dachte, dass ich sie stäts zunächst nennen sollte.
Sehr oft aus dem Haufen schreiend flog
der gellende Spiess in's grimme Volk.
Die ausländischen da herrschten, die goldbewundenen,
über Männer und Weiber. Wittig und Heime).

Beide erscheinen schon hier wie später in dem mittelhochdeutschen Gedichte von Alpharts Tod neben einander, beide auch
dem Hofe, Ermenrichs ursprünglich fremd (vræccan).

Schon Jornandes (Cap. 34) nennt einen Helden des Namens
Vidigoja: ad quem (Attilam) in legationem remissus a Theodo-
sio juniore Priscus tali voce inter alia refert. ingentia siquidem

flumina, id est Tysiam Tibisiamque et Driccam transeuntes,
venimus in locum illum, ubi dudum Vidigoja, Gothorum fortis-
simus, Sarmatum dolo occubuit; derselbe nennt den Vidicoja
als einen von den Gothen in Liedern gefeierten Helden (Cap. 5).
Wahrscheinlich war derselbe ein Westgothe; als aber in späterer Sage an die Stelle der Sarmaten die Hunnen getreten
waren, mochte Vidigoja zuerst zu Ermenrich gekommen sein [1].
Neben diesem zwar durch Lieder verherrlichten, seiner Grundlage nach aber geschichtlichen Helden gab es einen zweiten von
ähnlichem, doch bloss abgeleitetem Namen [2], Wittig (ags. Vudga),
der Sohn des Schmiedes Wieland und der Königstochter Bad-
hild; seine halbmythische Natur tritt noch deutlich in der Rabenschlacht hervor (Str. 964 ff.), wo er durch seine göttliche Ahnfrau Wâchild vor Dietrichs Zorn geborgen wird. Vereinigt
wurden diese Beiden gewiss früh; denn die angelsächsische Fassung der Sage von Walther und Hildegund, spätestens der Mitte
des achten Jahrhunderts angehörend, nennt den Vidia sowohl
„Vêlandes bearu" als „Nidhhâdes mæg" (II V. 15 u. 16); eben-
dieses Gedicht hat aber nicht aus gleichzeitiger, sondern aus
älterer deutscher Ueberlieferung geschöpft [3]); desswegen ist es
auch möglich, dass schon das Lied des Wanderers die Vereinigung voraussetzt, und wenn Wittig daselbst an Ermenrichs Hof
als Ausländer erscheint, so ist neben seiner westgothischen Her-
kunft auch dasjenige in Anschlag zu bringen, was die Thidrekssaga (Cap. 80) erzählt. In der deutschen Heldensage scheint
Dietrich von Bern schon frühe der alles überragende Mittel-

---

[1] Müllenhoff Ztschr. XII. 255. 256.
[2] Ein ags. Adjectiv vudig bei Grein. Bibliothek d. ags. Poesie.
IV, S. 745, so dass man nicht anzunehmen braucht, Wittig sei Abschwächung des zusammengesetzten Wortes.
[3] Müllenhoff. Ztschr. XII, 275, 278.

punkt geworden zu sein und diesen halbgöttlichen Wittig an
sich gezogen zu haben. Daneben aber lebte die Erinnerung an
Wittig (Vidigoja), Ermenrichs Mann, weiter, und so kam es
dazu, dass, als beide verschmolzen wurden, ein Uebertritt von
Dietrich zu Ermenrich angenommen wurde; damit war zugleich
der Typus der Treulosigkeit, welcher diesen Helden in den
mittelhochdeutschen Gedichten kennzeichnet, gegeben. Uebrigens ist Wittig in der Thidrekssaga noch weit edler dargestellt
als in letztern; einige von diesen, namentlich das von Alpharts
Tod und die Rabenschlacht hatten auch bestimmte Gründe, ihn
herabzuziehn, um ihre Helden in ein desto günstigeres Licht
zu stellen, und überdiess sind sie von Dietrich zu sehr einge-
nommen. Da der Verfasser der Saga ebenso sehr auf Verherr-
lichung des Berners ausgeht, ist es um so wichtiger, dass Wittig
bei ihm noch als edler Held erscheint, und man darf daraus
schliessen, diese Charakteristik entspreche auch dem echten
Charakter desselben [1]).

Ob aus dem Umstande, dass Wieland der einzige deutsche
Held ist, den altfranzösische Gedichte unter dem Namen Galans
kennen, mit W. Müller darf geschlossen werden, der Mythus
von Wieland und seiner Familie sei ursprünglich bei den Franken
heimisch gewesen [2]), müsste eine besondere Untersuchung dieses
Sagen- oder Mythenkreises darthun. Die zahlreichen sonstigen
Erinnerungen an diesen Künstler z. B. auch auf angelsächsischem
Boden [3]) sprechen sehr gegen diese Annahme.

Sodann Heime. Im Liede des Wanderers wird er mit
Wittig Ermenrichs Mann genannt, und in der S. 33 ff. ange-
führten Stelle des Beovulf erscheint er in derselben Stellung.

[1]) Anders E. Martin. Heldenbuch II, p. XXV.
[2]) a. a. O. S. 167, Anmkg. 2.
[3]) Müllenhoff, Ztschr. XII. 203. 269.

Nun wird aber ebenda berichtet, Heime habe Ermenrichs Schatz
geraubt, dafür aber durch des Königs Hinterlist den Untergang
gefunden. Die Schwierigkeit, diese Nachricht mit dem, was
wir sonst von Heime wissen, in Einklang zu bringen, hat schon
zu verschiedenen Erklärungsversuchen geführt. Wenn man mit
Leo (Beov. S. 44), ‚fleáh' statt ‚feálh' liest, kann man allerdings
mit Müllenhoff zu dem Resultate kommen, dass Heime für den
Gemahl der Schwanhild galt, für den maritus, dessen fraudu-
lentus discessus (Jornandes C. 24) so blutig durch Ermenrich
bestraft wird [1]). Dem widerspricht aber einmal, dass der Treulose der Ermenrichssage überall sonst Sibich ist, und dann,
dass man schwerlich erklären könnte, wie der entflohene und
von Ermenrich so bitter Gekränkte später doch als dessen
Dienstmann auftritt. Für die überlieferte Lesart ‚feálh' lässt
sich vielleicht doch etwas anführen. So wenig die spätere Sage
von einem Untergang Heimes durch Ermenrich weiss, so lässt
doch Thidrekssaga C. 288 auf bittere Feindschaft zwischen Beiden schliessen; hier giebt der König wenigstens Befehl, den
Heime, der ihn vor Sibich gewarnt hat, zu hängen, und diese
Abschwächung des ursprünglichen Sachverhaltes ist nicht so
unerklärlich, wenn man folgendes in Anschlag bringt. Die Edda
kennt nämlich einen Heimi als Pflegevater Brunhildens (Gri-
pisspá 19, 29, 37). „In der Völsungasaga sieht dieser fóstri
Brynhilds sehr harmlos aus; aber Thidrekssaga 17[2]), wo er ihr
Nachbar und Lehnsmann ist und in einem Wald mit vielen
Rossen wohnt, macht ihn grimmig und unnahbar. Er hiess
eigentlich Studas; den Namen Heimi hatte er von einem Wurm
angenommen, der so heisst und vor dem sich alle andern Würme
fürchteten. Ich halte es für klar genug, dass der wirkliche

[1]) Ztschr. XII, 305.
[2]) Cap. 18 der Unger'schen Ausgabe.

Heimi ein Wurm war, der die schlafende Brünhild bewachte,
ein andrer Ausdruck für die Waberlohe. Doch mochte er auch
neben dieser auftreten und Siegfried ihn erlegen, um aus seiner
Heerde Grani zu gewinnen, mit dem er dann das Feuer durch-
ritt oder das Thor übersprang; auf eine solche Wendung führt
Thidrekssaga [1])." Indem dieser ursprünglich zu Brunhild gehö-
rige Heimi nun auch in die Dietrichs- und Ermenrichssage ein-
trat und mit Heime, dem Dienstmann Ermenrichs, identificiert
wurde, konnte der Untergang des Letztern nur in derjenigen
modificierten Gestalt fortdauern, in welcher die Thidrekssaga
das Verhältniss andeutet. Heime kam jetzt gerade wie Wiftig
zu Dietrich von Bern, und als Waffenbruder des Letztern erscheint er z. B. in dem Gedichte von Alpharts Tod zugleich
unter des Berners Feinden, eben weil die Sage sich auch noch
eines zu Ermenrich gehörenden Heime erinnerte. Natürlich erschien Heime jetzt treulos gegenüber Dietrich, daher dieser
(Str. 34) zu ihm spricht:

Alsô sprach von Berne   der edele fürste hêr:
Wa3 wænstû da3 ich vliese?   ich vliuse an dir nicht mêr
wan ein schilt, ein ros und einen ungetriuwen man:
de3 muo3 ich mich erwegen   sô ich allerbeste kan.

So löst sich der mythische Heimi der Edda und Völsungasaga
von dem gothischen des Beovulf und Vidhsidh; die Thidrekssaga hingegen hat schon beide vereinigt und den ursprünglichen
Widerspruch zu beseitigen gesucht. Was das Gedicht von
Alpharts Tod berichtet, passt zunächst auf den gothischen,
schliesst aber die Vereinigung keineswegs aus. Was die Völsungasaga (Cap. 43) noch von Heimi weiss, beruht nicht auf
echter Sage, sondern hängt mit genealogischen Speculationen

---

[1]) Rieger. Germania III, S. 305.

zusammen [1]). Und ebenso hat auch die Thidrekssaga (Cap. 429
bis 437) eine Erzählung von einem dritten Helden, Namens
Heimi, welche aber wenigstens in Betreff des Klosters und des
ersten Riesenkampfes auf einer tirolischen Localsage [2]) beruht;
einmal in den Kreis der allgemeinen Heldensage gezogen, wurde
natürlich auch dieser Heimi mit den beiden andern identificiert;
das Verbrennen des Klosters und die Wiedervereinigung Heimes
mit Dietrich mag willkürliche Erdichtung sein, wenn nicht etwan schon das indogermanische Urepos dasselbe berichtete.

[1]) Munch. Das heroische Zeitalter, S. 126—128, 174.
[2]) v. Alpenburg. Mythen u. Sagen Tirols, S. 40, 41.

Die spätern Erweiterungen der Sage.

Was bis jetzt ist besprochen worden, gehört zur Dietrichssage, insofern dieselbe aus der Geschichte Theoderichs und seines
Volkes und dann aus der Verbindung dieses Königs mit dem
ältern, selbst schon sagenhaft gewordenen Ermenrich kann erklärt werden. Die Sage hätte sich mit diesen Bestandtheilen
begnügen können, und ein gut abgerundetes Epos nach Art
der Nibelunge Noth wäre in der Blüthezeit der mittelalterlichen
Dichtkunst leicht möglich gewesen; leider besitzen wir aber an
dem 10152 Verse zählenden Gedichte von Dietrichs Flucht nur
ein Beispiel, wie ein solches nicht darf behandelt werden. Was
jetzt noch zu untersuchen ist, spielt zwar sowohl in den mittelhochdeutschen Gedichten, als in der Thidrekssaga eine sehr be-
deutende, ja oft die vorherrschende Rolle, fällt aber nicht in
die eben angedeuteten Umrisse der Sage.

Vor allen Dingen gehört hieher die Verflechtung Dietrichs
in den zweiten Theil der Nibelungensage. Den äussern Anlass
und gleichsam die Möglichkeit hiezu bot natürlich der Aufenthalt an Etzels Hof, wo Dietrich mit den Königen der Burgunden zusammentraf. Die ursprüngliche, sowohl in nordischen als
deutschen Quellen längst verwischte Fassung der Sage war die,
dass Etzel, von seiner Gemahlinn durch die Aussicht auf das
Gold der Nibelungen verlockt, die Könige vertilgte [1]). In der
Edda hat sich das zum Theil noch erhalten und Atli ist es,

---

[1]) Rieger. Germania III, 197. 198.

der Högni das Herz ausschneiden, Gunnar aber in den Schlangen-
thurm werfen lässt [1]), indessen Gudrun (Kriemhild) schon eine
verkehrte Rolle spielt [2]). Anders nun auf deutschem Boden
und in deutschen Liedern. Hier ist Etzel in den Hintergrund
getreten, und an seiner Stelle ist es Dietrich von Bern, welcher
die gebundenen Helden Kriemhildens Händen überliefert [3]). Bekanntlich hatte auch der geschichtliche Theoderich die Burgunden bekämpft [4]), und wenn es auch nicht die im Jahr 436
durch die Hunnen vernichteten Könige dieses Volkes waren, so
hat das nichts auffälliges, da die Sage diesen Unterschied leicht
vergessen konnte. Im Uebrigen ist es nicht unwahrscheinlich,
dass auch in deutscher Sage Etzel einst eine bedeutendere Rolle
spielte [5]) als die im Nibelungenlied ihm angewiesene; möglich
sogar, dass die Sage eine Zeit lang schwankte, dass Etzel und
Dietrich neben einander als Vernichter der Burgunden standen.
Wenigstens lässt sich aus der Art und Weise, in welcher Attila
in der ersten Hälfte des zehnten Jahrhunderts in dem im Kloster
St. Gallen gedichteten Waltharius geschildert wird, annehmen,
dass der Hunnenkönig seine allmächtige Stellung in der Sage
noch nicht eingebüsst hatte [6]). Nun hat bekanntlich das Mittelalter die Ungern beständig mit den früher in denselben Gegenden ansässig gewesenen Hunnen identificiert [7]). Es hat demnach nichts auffallendes, wenn man annimmt, die Niederlagen,

---

[1]) Atlakwida, Str. 24 ff., Atlamál 61 ff.
[2]) Rieger, ebend. 196, 197.
[3]) Nibel. Nôt. Str. 2299.
[4]) Manso. a. a. O. S. 68.
[5]) Rieger, ebend. 197, 198.
[6]) Eckehard IV, der hundert Jahre später den Waltharius um-
arbeitete, suchte nur dessen Latinität classischer zu machen. Vgl.
Wackernagel, Lit. Gesch., S. 72.
[7]) Wackernagel, Lit. Gesch., S. 72.

welche die Ungern seit der Mitte des zehnten Jahrhunderts
durch die sächsischen Kaiser erlitten, hätten auf die Sage in
der Art eingewirkt, dass die Entscheidung der Nibelungennoth
jetzt ausschliesslich in die Hände eines Helden gelegt wurde,
den das deutsche Volk mit Vorliebe als den seinigen betrach-
tete. — Auch Kriemhildens endliche Bestrafung wird ursprünglich Dietrichs Werk gewesen sein, und es war eine Art Schonung für ihn, wenn dieselbe seinem Waffenmeister Hildebrand
überlassen wurde. In der Thidrekssaga, welche im Ganzen den
mittelhochdeutschen Gedichten folgt und dadurch die geringe
Selbständigkeit der sogenannten niederdeutschen Sage zeigt,
fehlt dieser Zug; hier (Cap. 392) wie im Anhange des Heldenbuchs ist es Dietrich selbst, der die Königinn entzweihaut; das
Eintreten Hildebrands wird dem feinern Geschmacke höfischer
Sänger zuzuschreiben sein.

Die Einflechtung Dietrichs in den Untergang der Nibelungen hängt zunächst weder mit seiner Vertreibung, noch mit
der Ermenrichssage zusammen, ist aber wenigstens veranlasst
durch seinen Aufenthalt bei Etzel. Was jetzt noch zu bespre-
chen ist, scheint weder der Geschichte, noch der ursprünglichen
Sage anzugehören, ist aber doch in ersterer theilweise begrün-
det und konnte daher, als jene sich überhaupt in Sage ver-
wandelt hatte, leicht ebenfalls in den Kreis derselben gezogen
werden.

Nämlich der geschichtliche Theoderich war nicht nur ein
grosser Kriegsheld, sondern er suchte auch nach der Eroberung
Italiens während des Friedens eine segensreiche Wirksamkeit zu
begründen durch Hebung des Ackerbaus und durch Austrock-
nung versumpfter Ländereien. Es klingt aber schon halb sagenhaft, wenn der Anonymus Valesianus nicht nur von Ueberfluss
an Wein und Getreide, nicht nur von der allgemeinen Sicher-

heit des Verkehrs spricht, sondern letztere noch eigens damit
veranschaulicht, dass er berichtet, Theoderich habe nirgends
Stadtthore bauen lassen, es seien überhaupt keine Thüren geschlossen worden, man habe Silber und Gold überall ruhig können liegen lassen u. dgl. m. ¹). Bei derartigen Verdiensten Theoderichs ist es keineswegs Zufall, dass noch in ganz späten Jahr-
hunderten die Bauern in ihren Liedern ihn feierten²); dergleichen wird, den einzigen Ortnit ausgenommen, von den Helden
der Sage sonst nicht berichtet. Das erste Zeugniss für das
Singen der Landleute von Dietrich bietet Chronicon Quedlinburgense: „et iste fuit Thideric de Berne, de quo cantabant
rustici olim." Die Chronik geht bis zum Jahre 1025, und es
ist daher das „olim" nicht ohne Bedeutung; man wird sogar
in sehr frühe Jahrhunderte zurückgehen müssen, auch wenn es
in denselben an direkten Zeugnissen fehlt. Wenn man weiss,
wie missachtet und verabscheut die einheimische Sage von Ludwig dem Frommen an bis in's zwölfte Jahrhundert war, wird
man sich über den Mangel an Zeugnissen nicht sehr wundern
und vielmehr von diesem ersten einen Rückschluss auf frühere
Jahrhunderte wagen. Und in der That weisen schon im siebenten Jahrhundert die von Mone (Anzeiger IV, 14 ff., VII,
355 ff.) mitgetheilten Bruchstücke nicht mehr lauter geschichtliche Thatsachen auf, und es lässt sich daher die Vermuthung
nicht zurückweisen, dass die der ursprünglichen Sage fremden
Züge gleichwohl wenig jünger sind als jene. Accessorisch sind
sie, insofern sie mit den Kriegen Dietrichs gegen Ermenrich
und mit seiner Vertreibung nicht zusammenhangen, insofern die

¹) Uhland (Germania I, 339) erinnert mit Recht an die nordische Sage von Frodis Frieden.
²) W. Grimm. Heldensage, S. 33, 281, 288.

Dietrichssage, wie wir sie bisher betrachtet haben, auch ohne dieselben leicht denkbar ist; andrerseits aber sind sie für Dietrichs Persönlichkeit nicht minder bezeichnend, weil sie eben neben seiner kriegerischen Thätigkeit auch die friedliche, zwar im Gewand der Sage, aber doch auch in diesem erkennbar schildern. Damit aber sind diese Mähren auch in eine Zeit gerückt, in welcher die Uebertragung von Mythen des altgermanischen Donnergottes, der zugleich Gott des Anbaus war, auf den geschichtlichen, der Bebauung des Landes so günstig gesinnten Herrscher sehr leicht möglich war. Ob hiebei noch ein anderer, mehr äusserlicher Umstand, etwan ein Beiname des Gottes, welcher mit dem Namen des Gothenkönigs übereinstimmte, mitwirkte und die Uebertragung erleichterte, lässt sich natürlich jetzt nicht mehr ermitteln; möglich war natürlich letztere auch ohne einen solchen.

Am deutlichsten zeigt sich diese Uebertragung in der Eckensage [1]). Hier kämpft Dietrich siegreich gegen zwei Riesen, deren einer, Fasolt, ein Dämon der Stürme ist [2]), während der andere, Ecke, mit dem nordischen Meergott Oegir derselben Wurzel entstammend, die Verheerung des Landes durch die Gewässer darstellt [3]). Wenn es nicht zu gewagt ist, auch die Königstöchter auf Jochgrim, welche den Ecke zum Kampf entsenden, einer physicalischen Deutung zu unterwerfen, so ergiebt sich, als der Sage zu Grunde liegend, folgender Mythus. Ecke, von den Königinnen in den Kampf geschickt, ist das durch das Schmelzen des Schnees im Frühling angeschwollene Wasser, welches den Menschen mannigfachen Schaden verursacht; ihm

---

[1]) Eggen-Liet, durch meister Seppan von Eppishusen. — Thidr. s. Cap. 96—103.

[2]) J. Grimm. Myth. S. 602, 1230, 1231.

[3]) Mannhardt. Mythen, S. 90, 91.

tritt der Donnergott, welcher überhaupt in germanischer Götter-
sage als Vorkämpfer gegen wilde Naturkräfte erscheint, entgegen. Aber nachdem die Gewalt des Wassers gebändigt ist,
kehrt dasselbe wieder, d. h. der Sturm bringt Regenwolken
herbei und treibt so die Fluthen zum zweiten Mal über ihr
gewohntes Bett hinaus; aber ' auch im zweiten Kampfe bleibt
der Gott siegreich [1]). Das Ganze enthält demnach einen Früh-
lingskampf des Donnergottes, in welchem die Mächte des Win-
ters unterliegen. Ausser Ecke, Fasolt, Dietrich und den Königstöchtern gehören übrigens sämmtliche Personen, welche das
mittelhochdeutsche Gedicht nennt, nicht ursprünglich hieher [2]),
und ebensowenig echt ist es, wenn in der Thidrekssaga Fasolt
nicht umkommt, und wenn mit dem Ganzen die Tödtung eines
Elephanten und die Errettung Sintrams verknüpft ist. Letztere
Züge passen zu den Riesenkämpfen so schlecht wie möglich,
und die Saga erweist sich auch darin unechter, dass sie Eckes
und Fasolts Riesennatur völlig verwischt hat. Was den Schauplatz dieser Sage anbetrifft, so weist das Lied bestimmt auf
das südliche Tirol [3]), die Saga hingegen hat denselben nord-
wärts an den Rhein gerückt [4]). Was aber Namen wie Ecken-
dorp, Eckenhagen, Eckenrode [5]), Eckenthal [6]) für die eine oder
die andere Localität beweisen sollen, ist höchst zweifelhaft, da
der Name Ecke ungemein häufig ist und die Ortsnamen durchaus nicht mit Nothwendigkeit auf den mythischen Ecke hin-

[1]) Zupitza. Prolegomena ad Alberti de Kemenaten Eckium, p. 36.
[2]) Ebend. p. 34, 85.
[3]) Zingerle. Germania I, 120 ff.
[4]) Simrock. Rheinland 335.
[5]) Lersch. Jahrbücher des Vereins von Alterthumsfreunden im
Rheinlande. I. 28.
[6]) Zingerle a. a. O. 123.

weisen; selbst von der Faseltsknule lässt sich, obwohl dieser Name allerdings seltener ist[1]), dasselbe behaupten. Wichtiger ist der Bergname Jochgrim im südlichen Tirol, auf welchem nach der Volkssage drei uralte Hexen hausen, welche Hagel und Wetter machen können; aber dieser Name sowohl als der dem Osning der Sage entsprechende Monte Osenigo im Lügerthale kann erst durch die Localisierung in die Sage gekommen sein. Für das höhere Alter des südlichen Schauplatzes spricht hingegen, dass selbst die Thidrekssaga einen Oelbaum (olivetre) nennt, ferner dass sie die Nachbarschaft Otnits von Lamparten erwähnt; auch sonst zeigt die Sage immer eine Wanderung der Dietrichssage von Süden nach Norden und nicht das Umgekehrte. Dagegen lässt sich nicht beweisen, dass der tirolische Schauplatz auch die ursprüngliche Heimat des Mythus gewesen sei; vielmehr kann derselbe sehr leicht auch hieher erst verpflanzt worden sein. Wie die Sage an den Rhein kam, erklärt sich sehr leicht. Neben dem italiänischen Verona nämlich, welches in deutscher Sage Bern heisst und auf dessen jetzigem Castel San Pietro einst Dietrichs Königsburg stand, gab es am Rhein einen zweiten Ort dieses Namens. Der älteste Theil des jetzigen Bonn hiess im Mittelalter ebenfalls Bern, und es ist sehr wahrscheinlich, dass auch hier der Name aus einem ältern Verona entstanden ist[2]). Dazu kommt, dass jene Gegenden ebenfalls einen Dietrich hatten, den fränkischen, von dem auch genug Abenteuer erzählt und gesungen wurden; bei dieser zwiefachen Namensähnlichkeit war es kein Wunder, wenn die ursprünglich dem Süden angehörige Sage auch hier localisiert

---

[1]) Förstemann hat ihn ein Mal; aber Friedrich Becker hat mir neun Fälle mitgetheilt, deren einer in's zwölfte, die übrigen in's vierzehnte Jahrhundert gehören.

[2]) Lersch, a. a. O. 16 ff.

wurde. In ähnlicher Sage erscheint übrigens der Berner auch in schwäbischen Gegenden als Kämpfer gegen die Gewalt des Wassers [1]), und die mythische Grundlage wird daher auch hier eine ähnliche gewesen sein.

Ob wir auch in der Erzählung des Simon Kéza von dem Pfeil in Dietrichs Stirn [2]) eine ähnliche Uebertragung anzunehmen haben, mag, da es an deutschen Zeugnissen hiefür fehlt, unentschieden bleiben. Wichtiger ist, dass man in seinem Feueratbem eine Erinnerung an den Gott gefunden hat [3]). Zwar wird weder von Thor noch sonst einem der nordischen Götter gerade dasselbe berichtet; aber leicht konnte der Blitz in der Hand des Gottes unter menschlich gewordenen Verhältnissen zum feurigen Athem werden, und es ist namentlich merkwürdig, wie sonst keinem Helden ausser Dietrich, diesem aber in den verschiedensten Gedichten, diese Eigenschaft beigelegt wird. Wenn dieser Zug in der Litteratur verhältnissmässig spät belegt ist, so hängt das davon ab, dass überhaupt die Mähren, in welchen derselbe allein seine Berechtigung hat, nicht früher litterarisch nachweisbar sind. Anders scheint es sich hingegen mit Dietrichs hässlichem Antlitz zu verhalten, welches Herburt (Thidrekssaga C. 238) vor Hilde an die Wand malt [4]). Bei manchen andern Sagenzügen muss man ebenfalls Kämpfe des Donnergottes als mythische Grundlage voraussetzen; nur herrscht manchmal, z. B. im Gedicht von Dietrichs Drachenkämpfen, so geschmacklose Uebertreibung, dass es nicht mehr leicht möglich ist, die reine Gestalt des Mythus nachzuweisen [5]); in ähnlicher

[1]) Uhland. Germania I, 304 ff.
[2]) W. Grimm. Heldensage 166.
[3]) J. Grimm. Mythologie 346.
[4]) Müllenhofl. Ztschr. XII, 330.
[5]) Neu herausgegeben unter dem Titel: »Dietrichs erste Aus-

Weise hat bekanntlich auch das Siegfriedslied den Drachenkampf seines Helden gesteigert.

Auch in andere Mythenkreise ist Dietrich gebracht worden, ohne dass sich gerade ein bestimmter Grund dafür anführen liesse. Wenn man in der Sage von Sintram und Baltram einen Mythus erkennen darf, so ist in dem Relief des Basler Münsterchors wie in der Thidrekssaga Dietrich an Walis Stelle getreten [1]). Der Mythus war bekanntlich in Burgdorf im Kanton Bern localisiert, und wie gross überhaupt das Ansehn des Sagenhelden in diesen Gegenden war, bezeugt auch der Umstand, dass Herzog Berchthold von Zähringen der an der Aare neu gegründeten Stadt den Namen Bern gab zum Preise des italiänischen Verona und seines sagenberühmten Königs [2]).

Im Biterolf endlich (6494 ff.) vertritt Dietrich nebst Hildebrand gegenüber Herbort und Hildeburg von Ormanie dieselbe Rolle wie Gunther und Hagen im Waltharius; unmöglich ist es nicht, dass die Stelle im Biterolf zwar nicht speciell letzterer, aber doch einer ähnlichen Fassung der Walthariussage nachgebildet ist. Auch hier kann die freilich nur aus der Vergleichung mit ähnlichen Erzählungen erkennbare Grundlage eine mythische sein [3]); doch ist nicht zu leugnen, dass hier Dietrich ohne rechten Anlass und auf willkürliche Weise in einen längst nicht mehr verstandenen Mythus ist gebracht worden.

Was den Luarin anbetrifft, so ist derselbe eigentlich eine

fahrt«, von Frank. Starck, Bd. LII der Bibliothek des litterarischen Vereins (1860). Da das Gedicht eigentlich gar keinen fortlaufenden Inhalt hat, ist es oben (S. 8) übergangen worden.

[1]) Müllenhoff. Ztschr. XII, 353. Simrock. Myth. 327.

[2]) Wackernagel. Ztschr. VI, 157.

[3]) E. Martin. Heidelberger Jahrbücher der Literatur, Jahrg. LX, S. 49, 50.

tirolische Localsage. Luarin ist König der Zwerge; in der
Dietrichssage erscheint er trotz aller Pracht, womit die Poesie
sein unterirdisches Zauberreich geschmückt hat, als echter Elben-
fürst treulos und hart. Wer in das Reich der Elbe gerathen
ist, kommt nach germanischem Volksglauben nicht anders als
entstellt zurück[1]). Aber Dietrich mit seinen Helden siegt über
alles unterirdische Blendwerk gerade wie Thor in der Götter-
sage des Nordens ohne Schaden die Unterwelt betritt[2]). Dennoch wäre es mehr als kühn, auch hier Uebertragung eines ältern Mythus auf Dietrich anzunehmen. Die Vorliebe, mit welcher die deutsche Sage ihn überall behandelt, machte es schon
unmöglich, den gefeiertsten aller Helden durch elbische Tücke
untergehen zu lassen; ohnehin wurde er wohl erst spät in diese
Sage verflochten, und dann hätte auch sein Untergang der
sonstigen Ueberlieferung durchaus widersprochen. Ob Luarins
Name an die Stelle eines deutschen Namens, Goldemars oder
Alberichs, getreten ist, mag zweifelhaft sein; Müllenhoff ver-
muthet rhätischen oder keltischen Ursprung[3]).

Die Zweikämpfe Dietrichs mit Siegfried, wie sie im Biterolf und im Rosengarten geschildert werden, beruhen natürlich
auf blosser Willkür; wie könnte sonst dieser, den das Epos als
den schönsten und edelsten aller Helden preist, als unterliegend
gedacht worden sein, wie es im Rosengarten bekanntlich ge-
schieht? Aber eben dieses Missverhältniss ist andrerseits ein
Beweis der grossen Verehrung, welche Dietrich im mittelhochdeutschen Epos genoss; überall musste er dabei sein, an allen
Kämpfen gleichsam theilnehmen, aber auch in allen siegen.

Endlich König Dietrichs Tod. Die ursprüngliche Sage

[1]) Müller und Schambach. Niedersächsische Märchen. S. 306, 397.
[2]) Simrock. Mythologie S. 270 fl.
[3]) Ztschr. XII, 310.

wusste ohne Zweifel wenig oder nichts davon; während die
Nibelungensage das frühe Sterben eines Hochbeglückten an
Siegfrieds Person knüpft, erreicht hier umgekehrt ein Jahre
lang vom Unglück verfolgter Held den ruhigen Besitz des ihm
entrissenen väterlichen Reiches. Damit muss die echte Sage
geschlossen haben; allein der zwar nicht übernatürliche, aber
sehr rasche Tod des geschichtlichen Theoderich einerseits und
der Ruf, in welchem derselbe als Arianer bei der orthodoxen
Geistlichkeit stand, andrerseits gönnte dem grossen König kein
ehrliches Grab. So erklärt sich die bekannte Stelle aus Gregors des Grossen Dialogen, nach welcher Theoderichs Leichnam
von Teufeln in den Aetna getragen wurde [1]. Nach Müllenhoff
ist es überhaupt die der volksmässigen Ansicht über Theoderich
diametral entgegengesetzte der Geistlichen gewesen, welche der
Sage eine solche Wendung gab, und namentlich scheint die
historia Romana des Paulus Diaconus in dieser Art mitgewirkt
zu haben [2]. Dennoch war die Art und Weise, wie Gregor
und Paulus von Theoderichs Ende sprechen, nicht gerade geeignet für die Volkssage, und man sieht recht gut, wie letztere
bemüht ist, dasselbe mehr mit derjenigen Art des Geister-
glaubens zu verbinden, welcher noch als Rest des nationalen
Heidenthums mannigfach fortlebte. Hier ist es entweder ein
Hirsch, also, ein zur Unterwelt führendes Thier [3]), der den
Helden verlockt (Thidrs. Cap. 438), oder ein schwarzes Pferd
(ebend. Etzels Hofhaltung Str. 131), dessen Zusammenhang mit
der Geisterwelt ebenfalls unbestreitbar ist [4]), oder endlich wie
im Anhange des Heldenbuchs ein Zwerg. Mit der Ueberliefe-

---

[1] W. Grimm. Heldensage S. 39.
[2] Ztschr. XII. 334.
[3] Simrock. Mythologie 354.
[4] Helgakwida Hundingsbana II, Str. 38; Gudhrunar hvöt, Str. 18,

rung der Thidrekssaga stimmt das alte Bildwerk der Kirche
San Zeno in Verona am meisten überein; erstere sowohl als die
bei dem Bild angebrachten Verse deuten an, dass der König
im Bade vom Hirsch überrascht wurde. Die mildernden Worte
der Saga „en sua segia thydhverskir menn, at vitraz hafi i
draumum, at Thidhrekr konungr hafi notidh af gudhi ok Sancte
Mariu, at hann mintiz theirra nafns vidh bana sinn" waren
gewiss nicht allgemein herrschende Ansicht; sonst könnte Dietrich nicht in den Jahrbüchern des Mönchs von Köln (zum
Jahr 1197) als gespensterhafter Reiter an der Mosel erscheinen [1]. In andern Gegenden erscheint er nicht allein, sondern
er ist in die wilde Jagd aufgenommen und heisst dann Dietrich
Bernhard, Berndietrich oder Diterbenada [2]. Wie alt diese
deutschen Wendungen der Sage von Dietrichs Verschwinden
sind, ist nicht mehr zu ermitteln; das älteste schriftliche Zeugniss
gewährt in der ersten Hälfte des zwölften Jahrhunderts Otto
von Freisingen [3], der das Todtenross schon kennt und es als
deutsche Volkssage in eine Art von Gegensatz zu dem Berichte
Gregors bringt. Ob der schwarze Hund, der schwarze Falke,
das schwarze Ross und Horn, welche die Gesta Romanorum [4]
einem König Antiochus beilegen, auf Dietrich nur übertragen
sind [5], scheint mir zweifelhaft; man müsste mindestens nach-
weisen, wer dieser König Antiochus eigentlich ist.

[1] W. Grimm. Heldensage S. 39.
[2] J. Grimm. Mythologie 888, 880.
[3] W. Grimm. Heldensage, S. 39.
[4] S. 80, 81 der Keller'schen Ausgabe.
[5] Müllenhoff. Ztschr. XII, 333.

Berichtigungen.

S. 4, Zeile 14 lies bloss statt blos.

S. 7, » 16 l. Zwergekönig st. Zwergenk.

S. 18, Anm. 1 l. S. 16 st. 15.

S. 14. Zeile 21 l. es st. er.

S. 22. » 17 l. Odoaker st. Odoacker.

*9 7 8 3 7 4 1 1 8 4 1 7 8 *